10 Bilingual Fairy Tales in French and English

Improve your French or English reading and listening comprehension skills

Charles Perrault

Illustrated by Francheska Fuenmayor

Also available:

10 Bedtime Stories in French and English with audio Vol 1

10 Bedtime Stories in French and English with audio Vol 2

10 Bedtime Stories in French and English with audio Vol 3

Learn French with Stories for Beginners Vol 1-3

For more products by Frédéric BIBARD/Talk in French, visit www.store.talkinfrench.com

"If you want your children to be intelligent, read them fairy tales. If you want them to be very intelligent, read them more fairy tales."

- Albert Einstein

TABLE OF CONTENTS

INTRODUCTION

There was once a mother who asked Albert Einstein what books her child should read to become a successful scientist.

"Fairy tales," came Einstein's reply.

Unsure about his answer, she asked again, "What other books should I read to him *after* that?"

"More fairy tales," Einstein replied once more.

You see, fairy tales expand imaginations and shape young minds to think outside the box. Stories of faraway lands push the boundaries of thinking and trigger a creative mindset among young children. Fairy tales also teach children about the consequences of wrong decisions, as well as give them a strong sense of what is right and wrong. But, more importantly, fairy tales make reading fun, and pave the way for a lifelong love of reading.

Reading as a Way to Learn a Language

Reading can be a fun way to practice learning a language. You will gain new vocabulary quickly and even pick up grammar structures naturally. With a good reading habit – something that can be nurtured with the right reading materials – you will be able to polish your language skills so much more easily than when trying to memorize vocabulary and grammar rules step by step.

Boost Your French and English through Reading Fairy Tales

This book contains ten different fairy tales written in French and English. Some of these fairy stories you might already be familiar with; some may be new to you. But one thing is for sure, these are not only for children, they're for adults, too!

If you are trying to boost your French language skills – or perhaps your English – these stories written in dual language will be an enjoyable resource to help you gain new vocabulary and familiarize yourself with sentence structures.

For young readers, these fairy tales will be perfect reading material to help them grow up to be bilingual, while also enhancing their imagination and instilling in them a love for reading.

Improve Your Listening Skills with the French and English Audio

Aside from reading, you can also listen to the fairy tales, as this book comes with audio in both French and English.

Read along to the stories while you listen, listen to the stories with your children during bedtime, or listen to the audio wherever and whenever you like, the choice is yours. But regardless of how you wish to use the audio, the important thing is you will be able to listen to native speakers narrate the stories and be able to practice your listening and pronunciation skills.

Are you ready to start reading and listening to the fairy tales? Let's begin.

How can you download the audio?

To get your copy of the audio, please proceed to the last page of this book. You will find a link there where you can download a copy of the MP3 files. Save the audio on any device and listen to it anywhere, anytime – on the road or at home in your pajamas. You can also read the next page for advice on how to use the audio files effectively.

ADVICE ON HOW TO USE THIS BOOK EFFECTIVELY

While you can choose your own way of enjoying this book, I have prepared some advice on how you can take full advantage of it and maximize your learning and enjoyment.

1. **Don't try to understand everything the first time around.**

   As a beginner, your French skills will take time to develop. You may not understand everything. That's OK. Don't give up or get frustrated just because you are stuck on one word. I have tried to provide as much vocabulary as possible that I believe can instill in your mind the comprehension of the stories. If one word confuses you, just skip it and continue reading.

2. **Beware of direct translation.**

   You may have already learned some individual French words separately. Sometimes, though, when these words are put together, the meaning completely changes. Be careful not to translate word for word. For example: « tout le monde » (literal meaning « all the world ») = everybody. The same idea applies for phrasal verbs. For example: « se mettre » (literal meaning « to put yourself ») = to start / to begin.

3. **Make use of the summary.**

   Each story comes with a sample summary. After reading each story, I encourage you to write your own summary to reinforce the learning process. After creating a summary based on your comprehension, compare it with the one provided. I highly recommend completing this exercise. It's a good way to boost your writing skills.

4. **Review the words you learned.**

   The vocabulary recap at the end of each chapter allows a review which will help you recall and retain the new vocabulary and expressions you learned in the story.

QUICK DISCLAIMER:

The fairy tales included in this book are based on the original texts as it was first written by the original authors. You might come across some words and translations that may already be deemed archaic by today's standards. This is to preserve the authenticity of the language used by the authors.

Thanks.

Important! The link to download the MP3 is available at the end of this book.

HISTOIRE 1: BARBE BLEUE
STORY 1: BLUE BEARD

IMPORTANT: Please check at the end of the book how you can download the audio.

Il était une fois un homme qui avait de belles maisons à la ville et à la campagne, de la vaisselle d'or et d'argent, des meubles en broderie, et des carrosses tout dorés; mais par malheur cet homme avait la barbe bleue : cela le rendait si laid et si terrible, qu'il n'était ni femme ni fille qui ne s'enfuit devant lui.

There was once a man who had some fine houses in town and in the country, silver and gold crockery, embroidered furniture, and coaches painted in gold. But unfortunately, he also had a blue beard which made him so ugly that all the women and girls ran away from him.

Une de ses voisines, dame de qualité, avait deux filles parfaitement belles. Il lui en demanda une en mariage, et lui laissa le choix de celle qu'elle voudrait lui donner. Elles n'en voulaient point toutes deux, et se le renvoyaient l'une à l'autre, ne pouvant se résoudre à prendre un homme qui eût la barbe bleue. Ce qui les dégoûtait encore, c'est qu'il avait déjà épousé plusieurs femmes, et qu'on ne savait pas ce que ces femmes étaient devenues.

One of his neighbors, a fine lady, had two very beautiful daughters. He asked her if he could marry one of them, leaving her to choose which one it would be. Neither of them wanted to marry him, and they sent him backwards and forwards from one to the other, neither being able to bear the thought of marrying a man with a blue beard. And what worried the most was the fact that he'd already been married several times, and nobody knew what had happened to those women.

Barbe Bleue, pour faire connaissance, les mena avec leur mère, et trois ou quatre de leurs meilleures amies, et quelques jeunes gens du voisinage, à une de ses maisons de campagne, où on demeura huit jours entiers.

Blue Beard, to get to know them better, took them along with their mother and three or four ladies of their acquaintance and other young people they knew, to one of his country houses, where they stayed for a whole week.

Ce n'était que promenades, que parties de chasse et de pêche, que danses et festins, que collations : on ne dormait point, et on passait toute la nuit à se faire des malices les uns aux autres ; enfin tout alla si bien, que la cadette commença à trouver que le maître du logis n'avait plus la barbe si bleue, et que c'était un fort honnête homme.

There were parties, hunting and fishing trips, dancing, fun, and feasting. They hardly slept and spent their nights playing tricks on each other. Everything went so well that the youngest daughter began to think that the man's beard wasn't that blue after all, and that he was a very fine man.

Dès qu'on fut de retour à la ville, le mariage se conclut. Au bout d'un mois Barbe Bleue dit à sa femme qu'il était obligé de faire un voyage en province, de six semaines au moins, pour une affaire de conséquence; qu'il la priait de se bien divertir pendant son absence, qu'elle fît venir ses bonnes amies, qu'elle les menât à la campagne si elle voulait, que partout elle fît bonne chère :

As soon as they returned home, they married. About a month afterwards, Blue Beard told his wife that he had to make a very important trip to the country for six weeks at least. He wanted her to amuse herself while he was away, to send for her friends and acquaintances, to take them into the country if she pleased, and be happy wherever she was.

-"Voilà, lui dit-il, les clefs des deux grands garde-meubles, voilà celles de la vaisselle d'or et d'argent qui ne sert pas tous les jours, voilà celles de mes coffres-forts, où est mon or et mon argent, celles des coffrets où sont mes pierreries, et voilà le passe-partout de tous les appartements. Pour cette petite clef-ci, c'est la clef du cabinet au bout de la grande galerie de l'appartement bas : ouvrez tout, allez partout, mais pour ce petit cabinet, je vous défends d'y entrer, et je vous le défends de telle sorte, que s'il vous arrive de l'ouvrir, il n'y a rien que vous ne deviez attendre de ma colère."

"Here are the keys to the two great wardrobes, where I keep my best furniture,"
he said. "These are to my silver and gold plates, which are not every day in use.
These open my strongboxes, which hold my money, both gold and silver, and these
are for my jewelry boxes. This is the master key to all my apartments. But this
little one here, this is the key to the cupboard at the end of the great hall on the
ground floor. Open them all: go into each and every one of them, except that little
cupboard, which I forbid you to open. I forbid it so strongly that if you do happen
to open it, you can expect me to be very angry indeed.

Elle promit d'observer exactement tout ce qui lui venait d'être ordonné ;
et lui, après l'avoir embrassée, il monte dans son carrosse, et part pour
son voyage.

She promised to do exactly what he had ordered. Then he embraced her, got into
his coach and set off on his journey.

Les voisines et les bonnes amies n'attendirent pas qu'on les envoyât chercher pour aller chez la jeune mariée, tant elles avaient d'impatience de voir toutes les richesses de sa maison, n'ayant osé y venir pendant que le mari y était, à cause de sa barbe bleue qui leur faisait peur. Les voilà aussitôt à parcourir les chambres, les cabinets, les garde-robes, toutes plus belles et plus riches les unes que les autres.

Her neighbors and good friends couldn't wait to be sent for by the newly married lady. They were keen to see all the riches in her house and hadn't dared visit while her husband was there because they were frightened of his blue beard. They ran through all the rooms, closets, and wardrobes, all of which seemed more beautiful and richer than each other.

Elles montèrent ensuite aux garde-meubles, où elles ne pouvaient assez admirer le nombre et la beauté des tapisseries, des lits, des sofas, des cabinets, des guéridons, des tables et des miroirs, où l'on se voyait depuis les pieds jusqu'à la tête, et dont les bordures, les unes de glace, les autres d'argent et de vermeil doré, étaient les plus belles et les plus magnifiques qu'on eût jamais vues.

After that, they went up into the two biggest closets. They were in awe of the number and beauty of the tapestries, beds, couches, cabinets, stands, tables, and looking glasses which were so tall you could see yourself from head to foot; they were framed with glass, or silver, or gilded, and were the finest and most magnificent that they had ever seen.

Elles ne cessaient d'exagérer et d'envier le bonheur de leur amie, qui cependant ne se divertissait point à voir toutes ces richesses, à cause de l'impatience qu'elle avait d'aller ouvrir le cabinet de l'appartement bas. Elle fut si pressée de sa curiosité, que sans considérer qu'il était malhonnête de quitter sa compagnie, elle y descendit par un petit escalier dérobé, et avec tant de précipitation, qu'elle pensa se rompre le cou deux ou trois fois.

They couldn't help making a fuss about and envying their friend's good luck, who didn't spend any time looking at all these riches because she was impatient to go and open the closet on the ground floor. She was so just so curious that, without thinking how rude it was to leave her guests, she went down a little back staircase so hastily that she nearly fell and broke her neck several times.

Etant arrivée à la porte du cabinet, elle s'y arrêta quelque temps, songeant à la défense que son mari lui avait faite, et considérant qu'il pourrait lui arriver malheur d'avoir été désobéissante; mais la tentation était si forte qu'elle ne put la surmonter : elle prit donc la petite clef, et ouvrit en tremblant la porte du cabinet. D'abord elle ne vit rien, parce que les fenêtres étaient fermées ; après quelques moments elle commença à voir que le plancher était tout couvert de sang caillé, et que dans ce sang gisaient les corps de plusieurs femmes mortes et attachées le long des murs (c'était toutes les femmes que Barbe Bleue avait épousées et qu'il avait égorgées l'une après l'autre). Elle pensa mourir de peur, et la clef du cabinet qu'elle venait de retirer de la serrure lui tomba de la main.

Après avoir un peu repris ses esprits, elle ramassa la clef, referma la porte, et monta à sa chambre pour se remettre un peu, mais elle n'en pouvait venir à bout, tant elle était émue. Ayant remarqué que la clef du cabinet était tachée de sang, elle l'essuya deux ou trois fois, mais le sang ne s'en allait point ; elle eut beau la laver, et même la frotter avec du sablon et avec du grès, il y demeura toujours du sang, car la clef était magique, et il n'y avait pas moyen de la nettoyer tout à fait: quand on ôtait le sang d'un côté, il revenait de l'autre.

Having gathered herself a little, she picked up the key, locked the door, and went upstairs to her bedroom to compose herself, but she was too frightened. Seeing that the key to the closet was stained with blood, she tried two or three times to wash it off but the blood wouldn't go away. She washed it, and scrubbed it with soap and sand, but the blood stayed put, because the key was magical and she would never be able to clean it up. When the blood came off one side, it reappeared on the other.

Barbe Bleue revint de son voyage dès le soir même, et dit qu'il avait reçu des lettres en chemin, qui lui avaient appris que l'affaire pour laquelle il était parti venait d'être terminée à son avantage. Sa femme fit tout ce qu'elle put pour lui témoigner qu'elle était ravie de son prompt retour.

Blue Beard came home that same evening, saying that he'd received letters on the road, telling him that the business he went about had ended in his favor. His wife did all she could to convince him that she was very happy about his speedy return.

Le lendemain il lui redemanda les clefs, et elle les lui donna. Mais d'une main si tremblante, qu'il devina sans peine tout ce qui s'était passé.

-"D'où vient, lui dit-il, que la clef du cabinet n'est point avec les autres ?"

-"Sans doute", dit-elle, "que je l'ai laissée là-haut sur ma table."

-"Ne manquez pas", dit la Barbe bleue, "de me la donner tantôt." Après l'avoir retardé le plus possible, il fallut apporter la clef. Barbe Bleue, l'ayant examinée, dit à sa femme :

-"Pourquoi y a-t-il du sang sur cette clef ?"

-"Je n'en sais rien", répondit la pauvre femme, plus pâle que la mort.

-"**Vous n'en savez rien**", reprit **Barbe Bleue**, "**je le sais bien, moi**"; vous avez voulu entrer dans le cabinet ! Hé bien, Madame, vous y entrerez, et irez prendre votre place auprès des dames que vous y avez vues."

The next morning, he asked her for the keys, which she gave him, but her hand was trembling so much that he guessed what had happened.

"What? The key of my closet isn't here?"

"I must have left it upstairs on the table," she said.

"You must bring it to me at once," said Blue Beard.

After going backwards and forwards several times, she was forced to bring him the key. Blue Beard said to his wife, "Why is there blood on the key?"

"I don't know," cried the poor woman, paler than death.

"You say you don't know!" replied Blue Beard, "but I do. You went into the closet, didn't you? Very well, madam; you will go back and take your place among the ladies you saw there."

Elle se jeta aux pieds de son mari, en pleurant et en lui demandant pardon, avec toutes les marques d'un vrai repentir de n'avoir pas été obéissante. Elle aurait attendri un rocher, belle et affligée comme elle était ; mais Barbe Bleue avait le coeur plus dur qu'un rocher :

She threw herself at her husband's feet, and begged his pardon showing genuine regret for what she'd done, vowing that she would never be disobedient again. She would have melted stone, beautiful and sorrowful as she was, but Blue Beard's heart was harder than stone!

-"**Il faut mourir, Madame, lui dit-il, et tout à l'heure.**"

"You must die, madam, and straightaway" he said.

-"Puisqu'il faut mourir, répondit-elle, en le regardant, les yeux baignés de larmes, donnez-moi un peu de temps pour prier Dieu." -"Je vous donne un quart d'heure", reprit Barbe Bleue, "mais pas un moment de plus."

"Since I must die," she said (looking at him with eyes full of tears), "give me a little time to say my prayers."

"I'll give you 15 minutes," replied Blue Beard, "and not a moment longer."

-"Ma soeur Anne (car elle s'appelait ainsi), monte, je te prie, sur le haut de la tour, pour voir si mes frères ne viennent point ; ils m'ont promis qu'ils viendraient me voir aujourd'hui, et si tu les vois, fais-leur signe de se hâter."

La soeur Anne monta sur le haut de la tour, et la pauvre affligée lui criait de temps en temps :

-"Anne, ma soeur Anne, ne vois-tu rien venir?"

Et la soeur Anne lui répondait :

-**"Je ne vois rien que le soleil qui poudroie, et l'herbe qui verdoie."**

When she was alone she called out to her sister, and said to her, "Sister Anne" (for that was her name), "go, I beg you, to the top of the tower, and see if my brothers are coming. They promised me that they'd come today and, if you see them, signal them to hurry."

Her sister Anne went to the top of the tower, and the poor afflicted wife cried out from time to time, "Anne, sister Anne, do you see anyone coming?"

And sister Anne said, "I see nothing but a cloud of dust in the sun, and the green grass."

Cependant Barbe Bleue, tenant un grand couteau à la main, criait de toute sa force à sa femme :

-**"Descends vite, ou je monterai là-haut."**

Meanwhile Blue Beard, holding a big knife in his hand, cried out as loudly as he could to his wife, "Come down instantly, or I'll come and get you."

-"Encore un moment s'il vous plaît", lui répondait sa femme et aussitôt elle criait tout bas :"Anne, ma soeur Anne, ne vois-tu rien venir?"

"Just one more minute, please," said his wife, then she cried out very softly, "Anne, sister Anne, do you see anybody coming?"

Et la soeur Anne répondait :

-"Je ne vois rien que le soleil qui poudroie, et l'herbe qui verdoie."

-"Descends donc vite, criait la Barbe bleue, ou je monterai là-haut."

-"Je m'en vais", répondait sa femme, et puis elle criait :

-"Anne, ma soeur Anne, ne vois-tu rien venir ?"

-"Je vois", répondit la soeur Anne, "une grosse poussière qui vient de ce côté-ci."

-"Sont-ce mes frères ?"

-"Hélas! non, ma soeur, c'est un troupeau de moutons."

-"Ne veux-tu pas descendre ?" criait la Barbe bleue.

-"Encore un moment", répondait sa femme; et puis elle riait :

-"Anne, ma soeur Anne, ne vois-tu rien venir ?

-"Je vois", répondit-elle, "deux cavaliers qui viennent de ce côté-ci, mais ils sont bien loin encore. Dieu soit loué", s'écria-t-elle un moment après, "ce sont mes frères ; je leur fais signe tant que je puis de se hâter."

And her sister Anne answered, "I see nothing but a cloud of dust in the sun, and the green grass."

"Come down quickly," cried Blue Beard, "or I will come up to you."

"I'm coming," answered his wife, then she cried, "Anne, sister Anne, can't you see anyone coming?"

"I can see a great cloud of dust approaching us," her sister answered.

"Is it my brothers?"

"Alas no, my dear sister, I see a flock of sheep."

"Will you not come down?" cried Blue Beard.

"One more minute," said his wife, and then she cried out, "Anne, sister Anne, can't you see anybody coming?"

"I see," said she, "two horsemen, but they're still a long way off."

"God be praised," replied the poor wife joyfully. "It's my brothers. I'll signal them as best I can to hurry."

Barbe Bleue se mit à crier si fort que toute la maison en trembla. La pauvre femme descendit, et alla se jeter à ses pieds toute éplorée et toute échevelée.

Then Blue Beard shouted so loudly that he made the whole house shake. His distressed wife came down in tears, her hair in disarray, and threw herself at his feet.

-"Cela ne sert de rien", dit Barbe Bleue, "il faut mourir."

Puis la prenant d'une main par les cheveux, et de l'autre levant le couteau en l'air, il allait lui trancher la tête. La pauvre femme se tournant vers lui, et le regardant avec des yeux mourants, le pria de lui donner un petit moment pour se recueillir.

"This is a waste of time," said Blue Beard. "You must die!" Then, taking hold of her hair with one hand, and lifting up the sword with the other, he got ready to cut off her head. The poor lady, turning to him, and looking at him with death in her eyes, begged him to grant her just one moment to gather herself.

-"Non, non", dit-il, "recommande-toi bien à Dieu"; et levant son bras...

A ce moment on heurta si fort à la porte, que Barbe Bleue s'arrêta tout court : on ouvrit, et aussitôt on vit entrer deux cavaliers qui, mettant l'épée à la main, coururent droit à Barbe Bleue. Il reconnut que c'était les frères de sa femme, l'un dragon et l'autre mousquetaire, de sorte qu'il s'enfuit aussitôt pour se sauver ; mais les deux frères le poursuivirent

de si près, qu'ils l'attrapèrent avant qu'il pût gagner le perron : ils lui passèrent leur épée au travers du corps, et le laissèrent mort. La pauvre femme était presque aussi morte que son mari, et n'avait pas la force de se lever pour embrasser ses frères. Il se trouva que Barbe Bleue n'avait point d'héritiers, et qu'ainsi sa femme demeura maîtresse de tous ses biens. Elle en employa une partie à marier sa soeur Anne avec un jeune gentilhomme, dont elle était aimée depuis longtemps ; une autre partie à acheter des charges de capitaine à ses deux frères; et le reste à se marier elle-même à un fort honnête homme, qui lui fit oublier le mauvais temps qu'elle avait passé avec Barbe bleue.

"No, no," he said, ready to strike, "Make your peace with God."

At that moment, there was such a loud knock at the gate that Blue Beard stopped suddenly. The gate was opened, and two horsemen entered. Drawing their swords, they ran directly to Blue Beard. He knew them to be his wife's brothers, one a dragoon, the other a musketeer and he fled straightaway to save himself. But the two brothers followed and caught up with him before he could get to the steps of the porch. They ran their swords through his body and left him to die. The poor wife was almost as dead as her husband and didn't have the strength to get up and welcome her brothers.

Blue Beard didn't have any heirs, and so his wife became mistress of his estate. She used one part of it to marry her sister Anne to a young gentleman who had loved her for a long time, another part to buy captains' commissions for her brothers, and the rest to marry herself to a very worthy gentleman, who made her forget the awful time she had spent with Blue Beard.

HISTOIRE 2: LA BELLE AU BOIS DORMANT
STORY 2: THE SLEEPING BEAUTY

Il était une fois un roi et une reine qui étaient si fâchés de n'avoir point d'enfants, si fâchés qu'on ne saurait dire. Ils allèrent à toutes les eaux du monde, voeux, pèlerinages, menues dévotions; tout fut mis en oeuvre, et rien n'y faisait. Enfin pourtant la reine devint grosse, et accoucha d'une fille: on fit un beau baptême; on donna pour marraines à la petite princesse toutes les fées qu'on pût trouver dans le pays (il s'en trouva sept), afin que chacune d'elles lui faisant un don, comme c'était la coutume des fées en ce temps-là, la princesse eût par ce moyen toutes les perfections imaginables.

Once upon a time there lived a king and queen who were sad, sadder than words can say because they didn't have any children. They tried the waters of every country, made vows and pilgrimages, and did everything that could be done, but without success. However, the queen eventually found that her wishes had come true and, in due course, she gave birth to a daughter.

A grand christening was held, and all the fairies that could be found in the kingdom (seven in all) were invited to be godmothers to the little princess. This was done so that the gifts they gave her (in accordance with the fairy custom of those days) ensured the princess would be perfect in every way.

Après les cérémonies du baptême toute la compagnie revint au palais du roi, où il y avait un grand festin pour les fées. On mit devant chacune d'elles un couvert magnifique, avec un étui d'or massif, où il y avait une cuiller, une fourchette, et un couteau de fin or, garni de diamants et de rubis. Mais comme chacun prenait sa place à table. On vit entrer une vieille fée qu'on n'avait point priée parce qu'il y avait plus de cinquante ans qu'elle n'était sortie d'une tour et qu'on la croyait morte, ou enchantée. Le roi lui fit donner un couvert, mais il n'y eut pas moyen de lui donner un étui d'or massif, comme aux autres, parce que l'on n'en avait fait faire que sept pour les sept fées. La vieille crut qu'on la méprisait, et grommela quelques menaces entre ses dents.

When the christening ceremony was over, all the guests returned to the king's palace, where a great banquet was held in honor of the fairies. Places were laid for them at the magnificent feast and before each was placed a solid gold casket containing a spoon, fork, and knife of fine gold, set with diamonds and rubies. But just as all were sitting down to eat, an old fairy entered the room. Nobody had thought to invite her because, for more than fifty years, she hadn't left the tower she lived in and people had imagined her to be dead or bewitched.

The king ordered a place be laid for her, but it was impossible to give her a golden casket like the others, as only seven had been made for the seven fairies. The old creature believed that she'd been slighted intentionally, and muttered threats under her breath.

Une des jeunes fées qui se trouva auprès d'elle l'entendit, et jugeant qu'elle pourrait donner quelque fâcheux don à la petite princesse, alla, dès qu'on fut sorti de table, se cacher derrière la tapisserie, afin de parler la dernière, et de pouvoir réparer autant qu'il lui serait possible le mal que la vieille aurait fait.

She was overheard by one of the young fairies seated nearby. Guessing that some mischievous gift might be given to the little princess, she hid behind the tapestry as soon as the guests left the table. Her intention was to be the last to speak, and so to have the power to counteract, if possible, any evil the old fairy might do.

Cependant les fées commencèrent à faire leurs dons à la princesse. La plus jeune lui donna pour don qu'elle serait la plus belle du monde, celle d'après qu'elle aurait de l'esprit comme un ange, la troisième qu'elle aurait une grâce admirable à tout ce qu'elle ferait, la quatrième qu'elle danserait parfaitement bien, la cinquième qu'elle chanterait comme un rossignol, et la sixième qu'elle jouerait de toutes sortes d'instruments à la perfection.

Soon, the fairies began to give their gifts to the princess. The youngest ordained that she should be the most beautiful person in the world; the next, that she should have the temperament of an angel; the third, that she should do everything gracefully;

the fourth, that she should dance perfectly; the fifth, that she should sing like a nightingale; and the sixth, that she should play every kind of music most skillfully.

e rang de la vieille fée étant venu, elle dit en branlant la tête, encore plus de dépit que de vieillesse, que la princesse se percerait la main d'un fuseau, et qu'elle en mourrait.

It was now the turn of the old fairy. Shaking her head, in spite rather than old age, she declared that the princess should prick her finger with a spindle and die from it. A shudder ran through the guests at this terrible gift.

Ce terrible don fit frémir toute la compagnie, et il n'y eut personne qui ne pleurât. Dans ce moment la jeune fée sortit de derrière la tapisserie, et dit tout haut ces paroles: ''Rassurez-vous, roi et reine, votre fille n'en mourra pas: il est vrai que je n'ai pas assez de puissance pour défaire entièrement ce que mon ancienne a fait. La princesse se percera la main d'un fuseau; mais au lieu d'en mourir, elle tombera seulement dans un profond sommeil qui durera cent ans, au bout desquels le fils d'un roi viendra la réveiller.''

The terrible gift made everyone tremble. But at that moment, the young fairy stepped forward from behind the tapestry. "Don't worry, your Majesties," she cried in a loud voice. "Your daughter will not die. My power isn't enough to undo all that my old kinswoman has decreed. The princess will indeed prick her finger with a spindle. But instead of dying, she will fall into a deep sleep that will last a hundred years. At the end of that time a king's son will come to wake her up."

Le roi, pour tâcher d'éviter le malheur annoncé par la vieille, fit publier aussitôt un édit, par lequel il défendait à tous de filer au fuseau, ni d'avoir des fuseaux chez soi sous peine de mort. Au bout de quinze ou seize ans, le roi et la reine étant allés à une de leurs maisons de plaisance, il arriva que la jeune princesse courant un jour dans le château, et montant de chambre en chambre, alla jusqu'au haut d'un donjon dans un petit galetas, où une bonne vieille était seule à filer sa quenouille. Cette bonne femme n'avait point entendu parler des défenses que le roi avait faites de filer au fuseau.

The king, wanting to prevent the unhappy fate pronounced by the old fairy, made a law forbidding all people, on pain of death, from use a spinning wheel or keeping a spindle in their house.

At the end of fifteen or sixteen years the king and queen happened one day to be away at another of their homes. The princess was running around the castle, going from room to room, when she came to a garret at the top of a tower where an old serving woman sat alone with her spinning wheel. This old woman had never heard tell of the king's law forbidding the use of spinning wheels.

-**"Que faites-vous là, ma bonne femme ?" dit la princesse.**

-**"Je file, ma belle enfant" lui répondit la vieille qui ne la connaissait pas.**

-**"Ha! que cela est joli" reprit la princesse, "comment faites-vous? Donnez-moi que je voie si j'en ferais bien autant."**

Elle n'eut pas plus tôt pris le fuseau, que comme elle était fort vive, un peu étourdie, et que d'ailleurs l'arrêt des fées l'ordonnait ainsi, elle s'en perça la main, et tomba évanouie.

"What are you doing, my dear woman?" asked the princess.

"I am spinning, my pretty child," replied the lady, not knowing who she was.

"Oh, what fun!" rejoined the princess. "How do you do it? Let me try and see if I can do it as well as you."

Partly because she was too hasty, partly because she was a little careless, but also because the fairy decree had ordained it, no sooner had she seized the spindle than she pricked her finger and fainted.

La bonne vieille, bien embarrassée, crie au secours: on vient de tous côtés, on jette de l'eau au visage de la princesse, on la délace, on lui frappe dans les mains, on lui frotte les tempes avec de l'eau de la reine de Hongrie; mais rien ne la faisait revenir. Alors le roi, qui était monté au bruit, se souvint de la prédiction des fées, et jugeant bien qu'il fallait que cela arrivât, puisque les fées l'avaient dit, fit mettre la princesse dans le plus bel appartement du palais, sur un lit en broderie d'or et d'argent.

The old woman shouted for help. People came running from everywhere. They threw water on the princess's face, undid her clothes, and rubbed her hands and temples with the Hungarian queen's special water. But nothing brought her round.

Then the king, who had come upstairs on hearing the commotion, remembered the fairy prophecy. Knowing that what had happened was inevitable, since the fairies had decreed it, he had the princess put to bed in the finest apartment in the palace, on a bed embroidered in gold and silver.

On eût dit d'un ange, tant elle était belle; car son évanouissement n'avait pas ôté les couleurs vives de son teint: ses joues étaient incarnates, et ses lèvres comme du corail; elle avait seulement les yeux fermés, mais

on l'entendait respirer doucement, ce qui montrait bien qu'elle n'était pas morte. Le roi ordonna qu'on la laissât dormir, jusqu'à ce que son heure de se réveiller fût venue.

She was so beautiful to look at, just like an angel. Her sleep had not diminished her beautiful complexion. Her cheeks were delicately pink, her lips like coral. Her eyes were closed, but her gentle breathing could be heard, and it was perfectly clear that she wasn't dead. The king commanded that she should be left to sleep in peace until she was ready to wake up.

La bonne fée qui lui avait sauvé la vie, en la condamnant à dormir cent ans, était dans le royaume de Mataquin, à douze mille lieues de là, lorsque l'accident arriva à la princesse; mais elle en fut avertie en un instant par un petit nain, qui avait des bottes de sept lieues (c'était des bottes avec lesquelles on faisait sept lieues d'une seule enjambée). La fée partit aussitôt, et on la vit au bout d'une heure arriver dans un chariot tout de feu, traîné par des dragons.

When this accident happened to the princess, the good fairy who had saved her life by condemning her to sleep a hundred years was in the kingdom of Mataquin, twelve thousand leagues away. She was told about it straightaway, though, by a little dwarf who had a pair of seven-league boots, which are boots which make your strides seven leagues long. The fairy set off at once and, within an hour her chariot of fire, drawn by dragons, could be seen approaching.

Le roi lui alla présenter la main à la descente du chariot. Elle approuva tout ce qu'il avait fait; mais comme elle était grandement prévoyante, elle pensa que quand la princesse viendrait à se réveiller, elle serait bien embarrassée toute seule dans ce vieux château.

The king helped her down from her chariot, and she was pleased with what he'd done. But as she had great powers of foresight, she knew that when the princess woke up, she would be very upset to find herself all alone in the old castle.

Voici ce qu'elle fit: elle toucha de sa baguette tout ce qui était dans ce château (hors le roi et la reine), gouvernantes, filles d'honneur, femmes de chambre, gentilshommes, officiers, maîtres d'hôtel, cuisiniers, marmitons, galopins, gardes, suisses, pages, valets de pied; elle toucha aussi tous les chevaux qui étaient dans les écuries, avec les palefreniers, les gros mâtins de basse-cour, et Pouffe, la petite chienne de la princesse, qui était auprès d'elle sur son lit. Dès qu'elle les eut touchés, ils s'endormirent tous, pour ne se réveiller qu'en même temps que leur maîtresse, afin d'être tout prêts à la servir quand elle en aurait besoin: les broches mêmes qui étaient au feu toutes pleines de perdrix et de faisans s'endormirent, et le feu aussi.

So this is what she did. With her wand, she touched everybody (except the king and queen) in the castle: governesses, maids of honor, ladies-in-waiting, gentlemen, officers, stewards, cooks, kitchen hands, errand boys, guards, porters, pages, footmen. She also touched all the horses in the stables, their grooms, the big mastiffs in the courtyard, and little Puff, the princess's pet dog, who was lying on the bed beside his mistress. The moment she touched them they all fell asleep and would only wake up when their mistress did. So, they would be on hand to help her when she needed them. Even the spits over the fire, loaded with partridges and pheasants, went to sleep, and so did the fire.

Tout cela se fit en un moment; les fées n'étaient pas longues à leur besogne. Alors le roi et la reine, après avoir embrassé leur chère

enfant sans qu'elle s'éveillât, sortirent du château, et firent publier des défenses à qui que ce soit d'en approcher. Ces défenses n'étaient pas nécessaires, car il crût dans un quart d'heure tout autour du parc une si grande quantité de grands arbres et de petits, de ronces et d'épines entrelacées les unes dans les autres, que bête ni homme n'y aurait pu passer: en sorte qu'on ne voyait plus que le haut des tours du château, encore n'était-ce que de bien loin. On ne douta point que la fée n'eût encore fait là un tour de son métier, afin que la princesse, pendant qu'elle dormirait, n'eût rien à craindre des curieux.

This all happened in the blink of an eye and it didn't take the fairies very long at all. So, the king and queen, once they'd kissed their dear daughter without waking her, left the castle and put up notices to forbid anybody from entering it. These notices weren't really necessary because there were so many large and small trees, their branches and roots woven together, that neither beast nor man could get through them. And you could only see the very tips of the castle from a distance. Nobody doubted any longer that the bad fairy had done her work and that the princess had nothing to fear from nosey parkers while she slept.

Au bout de cent ans, le fils du roi qui régnait alors, et qui était d'une autre famille que la princesse endormie, étant allé à la chasse de ce côté-là, demanda ce que c'était que ces tours qu'il voyait au-dessus d'un grand bois fort épais; chacun lui répondit selon qu'il en avait ouï parler. Les uns disaient que c'était un vieux château où il revenait des esprits; les autres que tous les sorciers de la contrée y faisaient leur sabbat. La plus commune opinion était qu'un ogre y demeurait, et que là il emportait tous les enfants qu'il pouvait attraper, pour pouvoir les manger à son aise, et sans qu'on le pût suivre, ayant seul le pouvoir de se faire un passage au travers du bois.

A hundred years later, the son of the king who now ruled the kingdom, and who wasn't related in any way to the princess, happened to go hunting and, when he saw some towers in the middle of a large and dense forest in the distance, he asked what they were. His attendants told him the different stories they'd heard. Some said there was an old castle haunted by ghosts, others that all the witches of the neighborhood held their festivals there. The favorite tale was that an ogre lived in the castle and he took the children he caught there, so as to eat them at his leisure, and as he was the only one who could force his way through the wood nobody had been able to follow him.

Le Prince ne savait qu'en croire, lorsqu'un vieux paysan prit la parole, et lui dit:

-"Mon prince, il y a plus de cinquante ans que j'ai entendu dire de mon père qu'il y avait dans ce château une princesse, la plus belle du monde; qu'elle devait y dormir cent ans, et qu'elle serait réveillée par le fils d'un roi, à qui elle était réservée."

The prince wasn't sure what to believe when an old peasant took up the tale.

"Your Highness," he said, "more than fifty years ago I heard my father say that the most beautiful princess that ever lived lies in that castle. It is her fate to sleep there for a hundred years, and then to be woken by a king's son to whom she's promised."

Le jeune prince à ce discours se sentit tout de feu; il crut sans hésiter qu'il mettrait fin à une si belle aventure; et poussé par l'amour et par la gloire, il résolut de voir sur-le-champ ce qu'il en était.

This story fired the young prince. He immediately decided he had to see the adventure through, and pushed on by love and glory, he resolved straight away to get on with it.

A peine s'avança-t-il vers le bois, que tous ces grands arbres, ces ronces et ces épines s'écartèrent d'eux-mêmes pour le laisser passer: il marche vers le château qu'il voyait au bout d'une grande avenue où il entra, et ce qui le surprit un peu, il vit que personne de ses gens ne l'avait pu suivre, parce que les arbres s'étaient rapprochés dès qu'il avait été passé. Il continua donc son chemin: un prince jeune et amoureux est toujours vaillant.

He had barely moved towards the wood when all the tall trees, brambles and thorns, separated to let him through. He walked towards the castle he could see at the end of a long avenue. He started on this path and was surprised to notice that the trees closed up again as soon as he had passed by, so that none of his party could follow him. A young and gallant prince is always brave, though, so he continued on his way.

Il entra dans une grande avant-cour où tout ce qu'il vit d'abord était capable de le glacer de crainte: c'était un silence affreux, l'image de la mort s'y présentait partout, et ce n'était que des corps étendus d'hommes et d'animaux, qui paraissaient morts. Il reconnut pourtant bien au nez bourgeonné et à la face vermeille des Suisses qu'ils n'étaient qu'endormis, et leurs tasses, où il y avait encore quelques gouttes de vin, montraient assez qu'ils s'étaient endormis en buvant.

He soon reached a large courtyard and what he saw there was enough to terrify him. The silence of the place was overpowering, and death seemed to be all around him, and not just because of the lifeless bodies of men and animals lying all around him. Then he realized, seeing the pimply noses and ruddy faces of the people there that they were only sleeping. It was plain, too, from their glasses, in which were still some dregs of wine, that they had fallen asleep while drinking.

Il passe une grande cour pavée de marbre, il monte l'escalier, il entre dans la salle des gardes qui étaient rangés en haie, l'arme sur l'épaule, et ronflants de leur mieux. Il traverse plusieurs chambres pleines de gentilshommes et de dames, dormant tous, les uns debout, les autres assis; il entre dans une chambre toute dorée, et il vit sur un lit, dont les rideaux étaient ouverts de tous côtés, le plus beau spectacle qu'il eût jamais vu: une princesse qui paraissait avoir quinze ou seize ans, et dont l'éclat resplendissant avait quelque chose de lumineux et de divin. Il s'approcha en tremblant et en admirant, et se mit à genoux auprès d'elle.

The prince made his way past a courtyard paved with marble, and climbed a staircase to enter the guardroom. Here the guards were lined up on either side in two ranks, their muskets on their shoulders, snoring their heads off. He continued through several apartments crowded with ladies- and gentlemen-in-waiting, some seated, some standing, but all asleep, until he came at last to a golden chamber. There he saw the most beautiful thing he had ever seen. Lying on the bed, the curtains open on every side, was a princess of fifteen or sixteen years old, whose radiant beauty was simply heavenly.

He approached, trembling, and knelt down beside her.

Alors comme la fin de l'enchantement était venue, la ;princesse s'éveilla; et le regardant avec des yeux plus tendres qu'une première vue ne semblait le permettre: ''Est-ce vous, mon prince? Lui dit-elle, vous vous êtes bien fait attendre.'' Le prince, charmé de ces paroles, et plus encore de la manière dont elles étaient dites, ne savait comment lui témoigner sa joie et sa reconnaissance; il l'assura qu'il l'aimait plus que lui-même. Ses discours furent mal rangés, ils en plurent davantage: peu d'éloquence, beaucoup d'amour.

At the same moment, as the spell had been broken, the princess woke and looked at him with more tenderness than a first glance would seem to warrant.

"Is it you, dear prince?" she asked. "I've been waiting a long time!"

Charmed by these words, and especially by the way they were said, the prince was at a loss for what to say. Then he declared that he loved her more than he loved himself. His words were hesitant, but that made them all the more pleasing. Less eloquence, more love.

Il était plus embarrassé qu'elle, et l'on ne doit pas s'en étonner; elle avait eu le temps de songer à ce qu'elle aurait à lui dire, car il y a apparence (l'histoire n'en dit pourtant rien) que la bonne fée, pendant un si long sommeil, lui avait procuré le plaisir des songes agréables. Enfin il y avait quatre heures qu'ils se parlaient, et ils ne s'étaient pas encore dit la moitié des choses qu'ils avaient à se dire.

She was less awkward than he was, but that's not surprising since she'd had plenty of time to think about what she'd say to him. It seems (although the story says nothing about it) that the good fairy had ensured she had pleasant dreams while she slept. After four hours of talking, they still hadn't said half the things they wanted to say to each other.

Cependant tout le palais s'était réveillé avec la princesse; chacun songeait à faire sa charge, et comme ils n'étaient pas tous amoureux, ils mouraient de faim; la dame d'honneur, pressée comme les autres, s'impatienta, et dit tout haut à la princesse que la viande était servie.

Now, the whole palace had woken up with the princess. Everyone went about his business, and as not everyone was in love, they soon realized they were starving. A lady-in-waiting, who was suffering like the rest, lost patience and shouted to the princess that supper was served.

Le prince aida la princesse à se lever; elle était tout habillée et fort magnifiquement; mais il se garda bien de lui dire qu'elle était habillée comme ma grand-mère, et qu'elle avait un collet monté: elle n'en était pas moins belle.

The princess was already fully dressed, and in most magnificent style. As he helped her get up, the prince stopped himself telling her that her clothes, the straight collar in particular, were like those his grandmother used to wear. But she was none the less beautiful for that.

Ils passèrent dans un salon de miroirs, et y soupèrent, servis par les officiers de la princesse; les violons et les hautbois jouèrent de vieilles pièces, mais excellentes, quoiqu'il y eût près de cent ans qu'on ne les jouât plus; et après souper, sans perdre de temps, le grand aumônier

les maria dans la chapelle du château, et la dame d'honneur leur tira le rideau:

They went into an apartment lined with mirrors and were served their supper there by the household stewards. Fiddles and oboes played some old pieces of music, and remarkably well too, considering they hadn't played at all for about a hundred years. A little later when supper was over, the chaplain married them in the castle chapel and later, attended by their courtiers, they retired to rest.

Ils dormirent peu, la princesse n'en avait pas grand besoin, et le prince la quitta dès le matin pour retourner à la ville, où son père devait être en peine de lui. Le prince lui dit qu'en chassant il s'était perdu dans la forêt, et qu'il avait couché dans la hutte d'un charbonnier, qui lui avait fait manger du pain noir et du fromage.

They slept little, though. The princess didn't need much sleep and, as soon as morning came, the prince left her to return to the city to see his father, who was waiting anxiously for him. The prince told him that he had got lost hunting in the forest, but had been given some black bread and cheese by a charcoal burner, in whose hut he had passed the night.

Le roi son père, qui était bon homme, le crut, mais sa mère n'en fut pas bien persuadée, et voyant qu'il allait presque tous les jours à la chasse, et qu'il avait toujours une raison pour s'excuser, quand il avait couché deux ou trois nuits dehors, elle ne douta plus qu'il n'eût quelque amourette:

His royal father, who was easy-going, believed the story, but his mother was not so easily fooled. She noticed that he went hunting every day now, and that he always had an excuse ready when he slept two or three nights away from home. She felt certain, therefore, that he had a love affair going on.

Car il vécut avec la princesse plus de deux ans entiers, et en eut deux enfants, dont le premier, qui fut une fille, fut nommée l'Aurore, et le second un fils, qu'on nomma le Jour, parce qu'il paraissait encore plus beau que sa soeur.

Two whole years passed and during that time they had two children. The first, a daughter they called "Dawn," while the second, a son, they named "Day," because he seemed even more beautiful than his sister.

La reine dit plusieurs fois à son fils, pour le faire s'expliquer, qu'il fallait se contenter dans la vie, mais il n'osa jamais lui confier son secret; il la craignait quoiqu'il l'aimât, car elle était de race ogresse, et le roi ne l'avait épousée qu'à cause de ses grands biens;

Many a time the queen told her son that he ought to settle down. She tried to make him confide in her, but he didn't dare trust her with his secret. Despite the affection he felt for her, he was afraid of his mother, for she was from a race of ogres, and the king had only married her for her money.

On disait même tout bas à la cour qu'elle avait les inclinations des ogres, et qu'en voyant passer de petits enfants, elle avait toutes les peines du monde à se retenir de se jeter sur eux; ainsi le prince ne voulut jamais rien dire.

It was whispered around court that she had an ogre's instincts, and that when little children were near her she really struggled to stop herself pouncing on them.

No wonder the prince didn't want to say anything.

Mais quand le roi fut mort, ce qui arriva au bout de deux ans, et qu'il se vit le maître, il déclara publiquement son mariage, et alla en grande cérémonie cherche la reine sa femme dans son château. On lui fit une entrée magnifique dans la ville capitale, où elle entra au milieu de ses deux enfants. Quelque temps après, le roi alla faire la guerre à l'empereur Cantalabutte son voisin. Il laissa la régence du royaume à la reine sa mère, et lui recommanda vivement sa femme et ses enfants:

Then when the king died two years later, and the prince found himself on the throne. He then announced his marriage publicly and went in state to fetch his royal consort from her castle. With their two children at her side she made a triumphal entrance into her husband's capital city.

Sometime afterwards, the king declared war on his neighbor, the Emperor Cantalabutte. He appointed the queen mother as regent in his absence and entrusted his wife and children to her care.

Il devait être à la guerre tout l'été, et dès qu'il fut parti, la reine-mère envoya sa bru et ses enfants à une maison de campagne dans les bois, pour pouvoir plus aisément assouvir son horrible envie. Elle y alla quelques jours après, et dit un soir à son maître d'hôtel:

-"Je veux manger demain à mon dîner la petite Aurore".

-"Ah! Madame", dit le maître d'hôtel.

-"Je le veux", dit la reine (et elle le dit d'un ton d'ogresse qui a envie de manger de la chair fraîche), "et je veux la manger à la sauce-robert."

He expected to be away at war for the whole summer and, as soon as he was gone, the queen mother sent her daughter-in-law and the two children to a country mansion in the forest. She did this so that she could satisfy her horrible tastes more easily. A few days later she went there and, in the evening, summoned the chief steward.

"For my dinner tomorrow," she told him, *"I will eat little Dawn."*

"Oh, Madam!" exclaimed the steward.

"That is my will," said the queen, speaking like an ogre who longs for raw meat.

"You will serve her with a spicy sauce," she added.

Ce pauvre homme, voyant bien qu'il ne fallait pas se jouer d'une ogresse, prit son grand couteau, et monta à la chambre de la petite Aurore: elle avait alors quatre ans, et vint en sautant et en riant se jeter à son cou, et lui demander du bonbon. Il se mit à pleurer, le couteau lui tomba des mains, et il alla dans la basse-cour couper la gorge à un petit agneau, et lui fit une si bonne sauce que sa maîtresse l'assura qu'elle n'avait jamais rien mangé de si bon.

The poor man, seeing plainly that it was useless to mess with an ogress, took his big knife and went up to little Dawn's chamber. She was only four years old, and when she came running with a smile to greet him, flinging her arms round his neck and asking him to give her some sweets, he burst into tears, and let the knife fall from his hand.

Presently he went down to the yard behind the house and slaughtered a young lamb. And he made such a delicious sauce that his mistress declared she had never eaten anything so good.

Il avait emporté en même temps la petite Aurore, et l'avait donnée à sa femme pour la cacher dans le logement qu'elle avait au fond de la basse-cour. Huit jours après, la méchante reine dit à son maître d'hôtel:

-"Je veux manger à mon souper le petit Jour."

Il ne répliqua pas, résolu de la tromper comme l'autre fois; il alla chercher le petit Jour, et le trouva avec un petit fleuret à la main, dont il faisait des armes avec un gros singe: il n'avait pourtant que trois ans. Il le porta à sa femme qui le cacha avec la petite Aurore, et donna à la place du petit Jour un petit chevreau fort tendre, que l'ogresse trouva admirablement bon.

At the same time the steward carried little Dawn to his wife and told her to hide her in their quarters below the yard.

Eight days later the wicked queen summoned her steward again.

"For my supper," she announced, "I will eat little Day."

The steward didn't answer, knowing he could trick her as he had done previously. He went in search of little Day, whom he found with a tiny sword in his hand, making brave passes -- though he was only three years old -- at a big monkey. He took him to his wife, who hid him away with little Dawn. The steward served the ogress a young kid instead of Day, which the ogress found to be exceedingly delicious.

Cela avait fort bien été jusque-là, mais un soir cette méchante reine dit au maître d'hôtel: ''Je veux manger la reine à la même sauce que ses enfants." Ce fut alors que le pauvre maître d'hôtel désespéra de pouvoir encore la tromper. La jeune reine avait vingt ans passés, sans compter les cent ans qu'elle avait dormi: sa peau était un peu dure, quoique belle et blanche; et le moyen de trouver dans la ménagerie une bête aussi dure que cela? Il prit la résolution, pour sauver sa vie, de couper la gorge à la reine, et monta dans sa chambre, dans l'intention de n'en pas faire à deux fois; il s'excitait à la fureur, et entra le poignard à la main dans la chambre de la jeune reine. Il ne voulut pourtant point la surprendre, et il lui dit avec beaucoup de respect l'ordre qu'il avait reçu de la reine-mère.

So far, so good. But there came an evening when this evil queen again addressed the steward.

"I have a mind," she said, "to eat the queen with the same sauce you served with her children."

This time the poor steward doubted he'd be able to deceive her again. The young queen was twenty years old, not counting the hundred years she had been asleep. Her skin, though white and beautiful, had become a little tough, and what animal could he possibly find that would be like her? He made up his mind that if he wanted to save his own life he must kill the queen, and went upstairs to her apartment determined to do the deed once and for all. Goading himself into a rage he drew his knife and entered the young queen's chamber. Not wanting to surprise her, though, he told her respectfully what the queen mother had told him to do.

—**"Faites votre devoir", lui dit-elle, en lui tendant le cou; "exécutez l'ordre qu'on vous a donné; j'irai revoir mes enfants, mes pauvres enfants que j'ai tant aimés"; car elle les croyait morts depuis qu'on les avait enlevés sans rien lui dire.**

—**"Non, non, Madame, lui répondit le pauvre maître d'hôtel tout attendri, vous ne mourrez point, et vous pourrez revoir vos chers enfants, mais ce sera chez moi où je les ai cachés, et je tromperai encore la reine, en lui faisant manger une jeune biche en votre place."**

"Do it! Do it!" she cried, showing him her neck. "Carry out the order you've been given! Then I shall see my children again, my poor children that I loved so much!"

She hadn't been told anything when the children disappeared and she believed they were dead.

The poor steward was overcome by compassion. "No, no, Madam," he declared. "You aren't going to die, and you'll certainly see your children again. You'll see them in my quarters, where I've hidden them. I shall make the queen eat a young hind instead of you, and trick her once again."

Il la mena aussitôt à sa chambre, où la laissant embrasser ses enfants et pleurer avec eux, il alla accommoder une biche, que la reine mangea à son souper, avec le même appétit que si c'eût été la jeune reine.

Without more ado he led her to his quarters and, leaving her there to embrace and weep over her children, he proceeded to cook a hind with such art that the queen mother ate it for her supper with as much appetite as if it had indeed been the young queen.

Elle était bien contente de sa cruauté, et elle se préparait à dire au roi, à son retour, que les loups enragés avaient mangé la reine sa femme et ses deux enfants.

The queen mother felt well satisfied with her cruel deeds, and planned to tell the king, on his return, that savage wolves had devoured his wife and children.

Un soir qu'elle rôdait comme d'habitude dans les cours et basses-cours du château pour y humer quelque viande fraîche, elle entendit dans une salle basse le petit Jour qui pleurait, parce que la reine sa mère le voulait faire fouetter, parce qu'il avait été méchant, et elle entendit aussi la petite Aurore qui demandait pardon pour son frère.

It was her habit, however, to prowl around the courtyards and alleys of the castle, in the hope of smelling out raw meat, and one evening she heard the little boy Day crying in a basement cellar. The child was weeping because his mother had threatened to whip him for some naughtiness, and she heard at the same time the voice of Dawn begging forgiveness for her brother.

L'ogresse reconnut la voix de la reine et de ses enfants, et furieuse d'avoir été trompée, elle commande dès le lendemain au matin, avec une voix épouvantable, qui faisait trembler tout le monde, qu'on apportât au milieu de la cour une grande cuve, qu'elle fit remplir de crapauds, de vipères, de couleuvres et de serpents, pour y faire jeter la reine et ses enfants, le maître d'hôtel, sa femme et sa servante: elle avait donné ordre de les amener les mains liées derrière le dos.

The ogress recognized the voices of the queen and her children and was furious to find she'd been tricked. The next morning, in a terrifying voice, she ordered a huge vat be brought into the courtyard. She filled it with vipers and toads, with snakes and serpents of every kind, intending to throw the queen and her children into it, as well as the steward, his wife and their serving girl. At her command, they were all brought out with their hands tied behind their backs.

Ils étaient là, et les bourreaux se préparaient à les jeter dans la cuve, Lorsque le roi, qu'on n'attendait pas si tôt, entra dans la cour à cheval; il était venu en poste, et demanda tout étonné ce que voulait dire cet horrible spectacle; personne n'osait l'en instruire, quand l'ogresse, enragée de voir ce qu'elle voyait, se jeta elle-même la tête la première dans la cuve, et fut dévorée en un instant par les vilaines bêtes qu'elle y

avait fait mettre. Le roi ne put s'empêcher d'en être fâché, car elle était sa mère; mais il s'en consola bientôt avec sa belle femme et ses enfants.

They were there, and the executioners were preparing to throw them in the vat when the King came back early and entered the courtyard on his horse. He came in and was overwhelmed by what he saw, then demanded to know what was going on. Nobody had dared to say anything to him when the ogress, so angry at what she was seeing, threw herself head first into the vat and was immediately eaten up by the awful creatures she'd had put in there. The king couldn't help being angry – she was his mother after all – but he consoled himself with his wife and children.

HISTOIRE 3: CENDRILLON
STORY 3: CINDERELLA

Il était une fois un gentilhomme qui épousa en secondes noces une femme, la plus hautaine et la plus fière qu'on eût jamais vue. Elle avait deux filles de son humeur, et qui lui ressemblaient en toutes choses. Le mari avait de son côté une jeune fille, mais d'une douceur et d'une bonté sans exemple; elle tenait cela de sa mère, qui était la meilleure femme du monde.

Once there was a gentleman who married for a second time and his new wife was the proudest and most haughty woman ever known. From a previous marriage, she had two daughters who were exactly like her in every way. The gentleman also had a young daughter from a previous marriage, but she was good and sweet, like her mother who'd been the best person in the world.

Les noces ne furent pas plus tôt faites, que la belle-mère fit éclater sa mauvaise humeur; elle ne put souffrir les bonnes qualités de cette jeune enfant, qui rendaient ses filles encore plus haïssables. Elle la chargea des plus viles occupations de la maison: c'était elle qui nettoyait la vaisselle et les montées, qui frottait la chambre de madame, et celles de mesdemoiselles ses filles. Elle couchait tout en haut de la maison, dans un grenier, sur une méchante paillasse, pendant que ses soeurs étaient dans des chambres parquetées, où elles avaient des lits des plus à la mode, et des miroirs où elles se voyaient depuis les pieds jusqu'à la tête.

No sooner were the wedding ceremonies over than the stepmother began to show her true colors. She couldn't bear the good qualities of this pretty girl, especially because they made her own daughters appear all the more unpleasant. She used her to do the worst jobs in the house, like scrubbing the dishes and tables, and cleaning madam's chamber as well as those of her stepsisters. She slept in a sorry garret, on a wretched straw bed, while her sisters slept in fine rooms with parquet floors, on beds of the very newest fashion, and where they had looking glasses so large that they could see themselves from head to toe.

La pauvre fille souffrait tout avec patience, et n'osait s'en plaindre à son père qui l'aurait grondée, parce que sa femme le gouvernait entièrement. Lorsqu'elle avait fait son ouvrage, elle s'en allait au coin de la cheminée, et s'asseoir dans les cendres, ce qui faisait qu'on l'appelait communément dans le logis Cucendron. La cadette, qui n'était pas si malhonnête que son aînée, l'appelait Cendrillon; cependant Cendrillon, avec ses méchants habits, ne laissait pas d'être cent fois plus belle que ses soeurs, quoique vêtues très magnifiquement.

The poor girl put up with these things patiently and didn't dare mention it to her father as he'd have told her off because his wife was the one in charge. When she'd done her work, she would go to the chimney corner, and sit down there in the cinders and ashes, and this led to her being called Cinderwench. Only the younger sister, who was not as rude and uncivil as the older one, called her Cinderella. However, Cinderella, despite her rough clothes, was a hundred times more beautiful than her finely-dressed sisters.

Il arriva que le fils du roi donna un bal, et qu'il y invita toutes les personnes de qualité: nos deux demoiselles en furent aussi invitées, car elles faisaient grande figure dans le pays. Les voilà bien aises et bien occupées à choisir les habits et les coiffures qui leur siéraient le mieux; nouvelle peine pour Cendrillon, car c'était elle qui repassait le linge de ses soeurs et qui godronnait leurs manchettes: on ne parlait que de la manière dont on s'habillerait.

Then one day the king's son gave a ball and invited all the noble people to it. Our young misses were invited because they were highly regarded in the land. They were delighted with this invitation, and were busy selecting the gowns, petticoats, and hair dressing that would suit them best. This was especially hard for Cinderella as she had to iron their linen and starch their cuffs. All they talked about all day long was how they would dress.

-"Moi, dit l'aînée, je mettrai mon habit de velours rouge et ma garniture d'Angleterre."

-"**Moi, dit la cadette, je n'aurai que ma jupe ordinaire; mais par contre, je mettrai mon manteau à fleurs d'or, et ma barrière de diamants, qui n'est pas des plus indifférentes.**"

"I'll wear my red velvet suit with French trimming," said the oldest.

And the youngest said, "I'll wear my usual skirt and then I'll put on my gold-flowered cloak and diamond stomacher, which is anything but ordinary."

On envoya chercher la bonne coiffeuse, pour dresser les cornettes à deux rangs, et on fit acheter des mouches de la bonne faiseuse : elles appelèrent Cendrillon pour lui demander son avis, car elle avait bon goût. Cendrillon les conseilla le mieux du monde, et s'offrit même à les coiffer; ce qu'elles voulurent bien.

They sent for the best hairdresser they could find to make their headpieces and adjust their hairdos, and they bought their beauty-spots from Mademoiselle de la Poche.

Also, they consulted Cinderella in all these matters, for she had good taste and advised them very well. Indeed, she even offered to fix their hair, which they very willingly accepted.

En les coiffant, elles lui disaient:

-"**Cendrillon, serais-tu bien aise d'aller au bal ?**"

-"**Hélas, mesdemoiselles, vous vous moquez de moi, ce n'est pas là ce qu'il me faut.**"

-"**Tu as raison, on rirait bien si on voyait un cucendron aller au bal.**"

As she was doing this, they asked her, "Cinderella, wouldn't you like to go to the ball?"

"Why do you tease me?" she asked. "People like me don't do things like that."

"You're quite right," they replied. "People would laugh to see a cinderwench at a ball."

Une autre que Cendrillon les aurait coiffées de travers; mais elle était bonne, et elle les coiffa parfaitement bien. Elles furent près de deux jours sans manger, tant elles étaient emplies de joie. On rompit plus de douze lacets à force de les serrer pour leur rendre la taille plus menue, et elles étaient toujours devant leur miroir. Enfin l'heureux jour arriva, on partit, et Cendrillon les suivit des yeux le plus longtemps qu'elle put; lorsqu'elle ne les vit plus, elle se mit à pleurer.

Anyone but Cinderella would have fixed their hair badly, but she was very good, and dressed them perfectly well. They were so excited that they didn't eat a thing for almost two days. Then they broke more than a dozen laces having themselves laced up tightly to give them a fine slender shape. They were continually looking at themselves in their mirror. At last the happy day came. They went to court, and Cinderella watched them go for as long as she could. When she lost sight of them, she started to cry.

Sa marraine, qui la vit toute en pleurs, lui demanda ce qu'elle avait :

-"Je voudrais bien... je voudrais bien..."

Elle pleurait si fort qu'elle ne put achever. Sa marraine, qui était fée, lui dit:

-"Tu voudrais bien aller au bal, n'est-ce pas ?

-"Hélas oui" dit Cendrillon en soupirant.

-"Hé bien, seras-tu bonne fille ?" dit sa marraine, je t'y ferai aller.

Elle la mena dans sa chambre, et lui dit :

-"Va dans le jardin et apporte-moi une citrouille."

Her godmother, who saw her in tears, asked her what was the matter.

"I wish I could... I wish I could..." She wasn't able to say the rest, she was crying so much.

This godmother of hers, who was a fairy, said to her, "You wish you could go to the ball: am I right?"

"Yes," cried Cinderella, with a great sigh.

"Well," said her godmother, "be a good girl, and I'll get you there." Then she took her into her chamber, and said to her, "Go into the garden, and bring me back a pumpkin."

Cendrillon alla aussitôt cueillir la plus belle qu'elle put trouver, et la porta à sa marraine, ne pouvant deviner comment cette citrouille pourrait la faire aller au bal. Sa marraine la creusa, et n'ayant laissé que l'écorce, la frappa de sa baguette, et la citrouille fut aussitôt changée en un beau carrosse tout doré.

Cinderella went immediately to bring the finest she could find, and gave it to her godmother, all the time wondering how this pumpkin would help her go to the ball. Her godmother scooped out the inside, leaving nothing but the rind, tapped it with her wand, and it was instantly turned into a fine, golden coach.

Ensuite elle alla regarder dans sa souricière, où elle trouva six souris toutes en vie ; elle dit à Cendrillon de lever un peu la trappe de la souricière, et à chaque souris qui sortait, elle lui donnait un coup de sa baguette, et la souris était aussitôt changée en un beau cheval; ce qui fit un bel attelage de six chevaux, d'un beau gris de souris pommelé.

She then went to look at her mousetrap, where she found six mice, all alive, and told Cinderella to lift the mousetrap door slightly and, as each mouse came out she tapped it with her wand. Then the mouse was instantly turned into a fine horse, making a handsome set of six mouse-colored dappled-gray horses.

Comme elle était en peine de quoi elle ferait un cocher:

-"Je vais voir, dit Cendrillon, s'il n'y a point quelque rat dans la ratière, nous en ferons un cocher."

-"Tu as raison", dit sa marraine "va voir."

Cendrillon lui apporta la ratière, où il y avait trois gros rats. La fée en prit un d'entre les trois, à cause de sa maîtresse barbe, et l'ayant touché, il fut changé en un gros cocher, qui avait une des plus belles moustaches qu'on ait jamais vues. Ensuite elle lui dit:

-"Va dans le jardin, tu y trouveras six lézards derrière l'arrosoir, apporte-les-moi."

Needing a coachman, Cinderella said, "I'll go and see if I can find a rat in the rat trap that we can turn into a coachman."

"Good idea," replied her godmother. "Go and look."

Cinderella brought the trap to her, and in it there were three huge rats. The fairy chose the one with the largest beard, touched him with her wand, and turned him into a fat, jolly coachman, who had the smartest whiskers you've ever seen.

After that, she said to her, "Go into the garden again, and you'll find six lizards behind the watering can. Bring them to me."

Elle ne les eut pas plus tôt apportés, que la marraine les changea en six laquais, qui montèrent aussitôt derrière le carrosse avec leurs habits

chamarrés, et qui s'y tenaient accrochés, comme s'ils n'eussent fait autre chose toute leur vie. La fée dit alors à Cendrillon :

-"Hé bien, voilà de quoi aller au bal, n'es-tu pas bien aise?

-"Oui, mais est-ce que j'irai comme ça avec mes vilains habits?"

No sooner had she done that than her godmother turned them into six footmen with gold and silver liveries who immediately stepped up behind the coach, and clung as closely behind each other as if that's all they ever did. The fairy then said to Cinderella, "Well, you have here everything you need to go to the ball. Are you pleased with it?"

"Oh, yes," she cried, "but will I wear these nasty rags?"

Sa marraine ne fit que la toucher avec sa baguette, et en même temps ses habits furent changés en des habits de drap d'or et d'argent tout chamarrés de pierreries; elle lui donna ensuite une paire de pantoufles de verre, les plus jolies du monde. Quand elle fut ainsi parée, elle monta en carrosse; mais sa marraine lui recommanda instamment de ne pas dépasser minuit, l'avertissant que si elle demeurait au bal un moment de plus, son carrosse redeviendrait citrouille, ses chevaux des souris, ses laquais des lézards, et que ses vieux habits reprendraient leur première forme.

Her godmother then touched her with her wand, and in an instant, she saw she was wearing clothes made of gold and silver and covered with jewels. Then she gave her a pair of glass slippers, the prettiest in the whole world. Once ready, she climbed into her coach, but her godmother ordered her not to stay past midnight, telling her that if she stayed even one moment longer, the coach would be a pumpkin again, her horses mice, her coachman a rat, her footmen lizards, and her clothes would go back to being what they were before.

Elle promit à sa marraine qu'elle ne manquerait pas de sortir du bal avant minuit. Elle part, ne se sentant pas de joie. Le fils du roi, qu'on alla avertir qu'il venait d'arriver une grande princesse qu'on ne connaissait point, courut la recevoir; il lui donna la main à la descente du carrosse, et la mena dans la salle où était la compagnie. Il se fit alors un grand silence; on cessa de danser, et les violons ne jouèrent plus, tant on était attentif à contempler les grandes beautés de cette inconnue. On n'entendait qu'un bruit confus:

-"Ha, qu'elle est belle!"

She promised her godmother to leave the ball before midnight, then drove away, scarcely able to hide her joy. The king's son, who was told that a great unknown princess had arrived, ran out to greet her. He gave her his hand as she climbed out of the coach, and led her into the hall, to where everybody else was. Everyone fell silent immediately, stopped dancing, the violins ceased playing, and everyone was overwhelmed by the beauty of this unknown newcomer.

All you could hear was confused whispers of "Oh, she's so beautiful!"

Le roi même, tout vieux qu'il était, ne lassait pas de la regarder, et de dire tout bas à la reine qu'il y avait longtemps qu'il n'avait vu une si belle et si aimable dame.

The king himself, old as he was, couldn't help watching her, and told the queen softly that it was a long time since he'd seen so beautiful and lovely a creature.

Toutes les dames étaient attentives à considérer sa coiffure et ses habits, pour en avoir dès le lendemain de semblables, pourvu qu'il se trouvât des étoffes assez belles, et des ouvriers assez habiles.

All the ladies were busy weighing up her clothes and headdress, hoping to have the same made for themselves the next day, if they could find such fine materials and people as skillful to make them.

Le fils du roi la mit à la place d'honneur, et ensuite la prit pour la mener danser: elle dansa avec tant de grâce, qu'on l'admira encore davantage. On apporta une fort belle collation, dont le jeune prince ne mangea point, tant il était occupé à la contempler.

The king's son led her to the best seat and then took her to dance with him. She danced so very gracefully that everyone admired her even more. A fine meal was served up, but the young prince didn't eat a morsel, he was so busy staring at her.

Elle alla s'asseoir auprès de ses soeurs, et leur fit mille honnêtetés: elle leur fit part des oranges et des citrons que le Prince lui avait donnés, ce qui les étonna fort, car elles ne la connaissaient point. Lorsqu'elles causaient

ainsi, Cendrillon entendit sonner onze heures trois quarts: elle fit aussitôt une grande révérence à la compagnie, et s'en alla le plus vite qu'elle put.

She went and sat down by her sisters and was incredibly courteous to them, giving them some of the oranges and lemons the prince had given her, and they were surprised by this because they didn't recognize her. While Cinderella was chatting with her sisters, she heard the clock strike a quarter to twelve, so she immediately curtsied to everyone and hurried away as fast as she could.

Dès qu'elle fut arrivée, elle alla trouver sa marraine, et après l'avoir remerciée, elle lui dit qu'elle souhaiterait bien aller encore le lendemain au bal, parce que le fils du roi l'en avait priée. Comme elle était occupée à raconter à sa marraine tout ce qui s'était passé au bal, les deux soeurs frappèrent à la porte; Cendrillon alla leur ouvrir:

When she arrived home, she ran to find her godmother and, having thanked her, she said would really love to go to the ball the next day as well, because the king's son had invited her.

While she was eagerly telling her godmother everything that had happened at the ball, her two sisters knocked at the door, and Cinderella ran to let them in.

-"Que vous avez mis longtemps à revenir!" leur dit-elle en bâillant, en se frottant les yeux, et en s'étendant comme si elle n'eût fait que de se réveiller; elle n'avait cependant pas eu envie de dormir depuis qu'elles s'étaient quittées.

-"Si tu étais venue au bal, lui dit une de ses soeurs, tu ne t'y serais pas ennuyée: il y est venu la plus belle princesse, la plus belle qu'on puisse jamais voir; elle nous a fait mille civilités, elle nous a donné des oranges et des citrons."

"You stayed such a long time!" she cried, staring, rubbing her eyes and stretching as if she had been asleep. However, she hadn't been inclined to sleep at all while they were away.

"If you'd been at the ball," said one of her sisters, "you'd have loved it. The finest princess came, the most beautiful you've ever seen. She was so polite to us and gave us oranges and lemons."

Cendrillon ne se sentait pas de joie: elle leur demanda le nom de cette princesse; mais elles lui répondirent qu'on ne la connaissait pas, que le fils du roi en était fort en peine, et qu'il donnerait toutes choses au monde pour savoir qui elle était.

Cinderella seemed indifferent. Indeed, she asked them the name of the princess, but they told her they didn't know it, and that the king's son was very unhappy about that and would give all the world to know who she was.

Cendrillon sourit et leur dit:

-"Elle était donc bien belle? Mon Dieu, que vous êtes heureuses, ne pourrais-je point la voir? Hélas! Mademoiselle Javotte, prêtez-moi votre habit jaune que vous mettez tous les jours."

-"Vraiment", dit Mademoiselle Javotte,"je suis de cet avis! Prêtez votre habit à un vilain cucendron comme cela, il faudrait que je fusse bien folle."

Cinderella smiled and replied, "She must be very beautiful indeed. How happy you are! Couldn't I see her? Ah, dear Miss Javotte, please lend me the yellow dress you wear every day."

"Oh yes, why not!" Miss Javotte said. "Lend my clothes to such a dirty Cinderwench as you? I'm not that stupid."

Cendrillon s'attendait bien à ce refus, et elle en fut bien aise, car elle aurait été grandement embarrassée si sa soeur eût bien voulu lui prêter son habit.

Cinderella had expected this answer and was pleased to be refused as she'd have been very embarrassed if her sister had been willing to lend her the dress.

Le lendemain les deux soeurs furent au bal, et Cendrillon aussi, mais encore plus parée que la première fois.

Le fils du roi fut toujours auprès d'elle, et ne cessa de lui conter des douceurs; la jeune demoiselle ne s'ennuyait point, et oublia ce que sa marraine lui avait recommandé; de sorte qu'elle entendit sonner le

premier coup de minuit, lorsqu'elle ne croyait pas qu'il fût encore onze heures: elle se leva et s'enfuit aussi légèrement qu'aurait fait une biche. Le prince la suivit, mais il ne put l'attraper; elle laissa tomber une de ses pantoufles de verre, que le prince ramassa bien soigneusement. Cendrillon arriva chez elle bien essoufflée, sans carrosse, sans laquais, et avec ses méchants habits, rien ne lui étant resté de toute sa magnificence qu'une de ses petites pantoufles, la pareille de celle qu'elle avait laissée tomber.

The next day, the two sisters were at the ball, and so was Cinderella, but dressed even more magnificently than before. The king's son was always by her side and didn't stop complimenting and saying nice things to her. She was enjoying all of this attention and, indeed, she forgot what her godmother had told her: she thought that it was no later than eleven when she counted the clock striking twelve. She jumped up and fled, as nimble as a deer. The prince followed but couldn't catch her. She left one of her glass slippers behind, and the prince picked it up very carefully. She reached home quite out of breath, and in her nasty old clothes, having nothing left of all her finery but one of the little slippers, the match for the one she'd dropped.

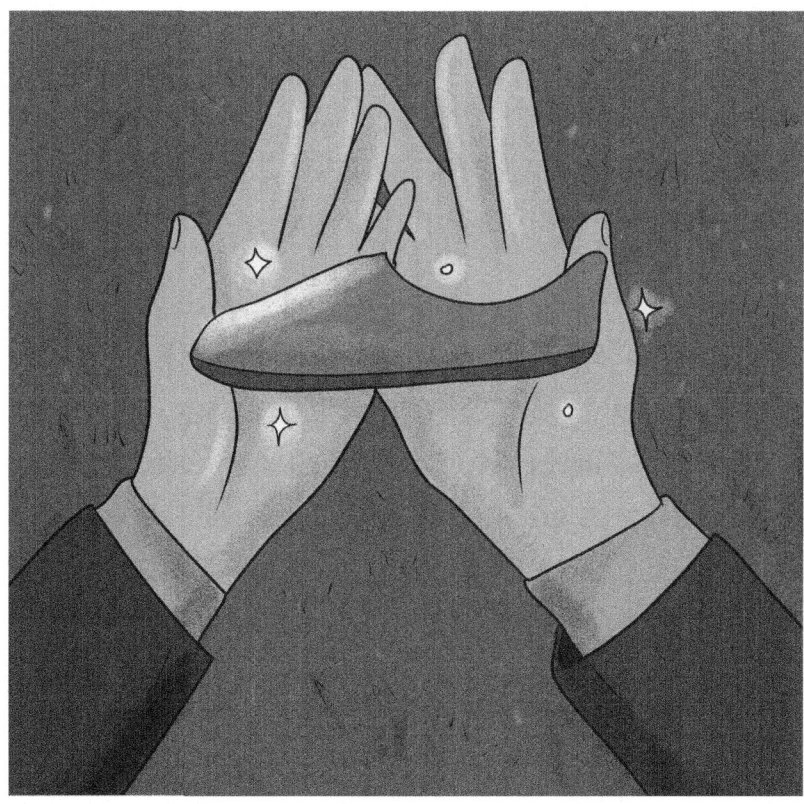

On demanda aux gardes de la porte du palais s'ils n'avaient point vu sortir une princesse; ils dirent qu'ils n'avaient vu sortir personne, qu'une jeune fille fort mal vêtue, et qui avait plus l'air d'une paysanne que d'une demoiselle. Quand ses deux soeurs revinrent du bal, Cendrillon leur demanda si elles s'étaient encore bien diverties, et si belle dame y avait été.

The guards at the palace gate were asked if they'd seen a princess go out. They replied that they hadn't seen anybody leave other than a young girl, very shabbily dressed, and who had more the air of a poor country wench than a gentlewoman.

When the two sisters returned from the ball Cinderella asked them if they had been well entertained, and if the fine lady had been there.

Elles lui dirent que oui, mais qu'elle s'était enfuie lorsque minuit avait sonné, et si promptement qu'elle avait laissé tomber une de ses petites pantoufles de verre, la plus jolie du monde; que le fils du roi l'avait ramassée, et qu'il n'avait fait que la regarder pendant tout le reste du bal, et qu'assurément il était fort amoureux de la belle dame à qui appartenait la petite pantoufle.

They told her yes, but that she hurried away immediately when it struck twelve, and with so much haste that she dropped one of her little glass slippers, the prettiest in the world, and the king's son had picked it up, that he'd done nothing but look at her all the time at the ball, and that most certainly he was very much in love with the beautiful person who owned the glass slipper.

Elles dirent vrai, car peu de jours après, le fils du roi fit publier à son de trompe qu'il épouserait celle dont le pied serait bien juste à la pantoufle. On commença à l'essayer aux princesses, ensuite aux duchesses, et à toute la cour, mais inutilement. On la porta chez les deux soeurs, qui firent tout leur possible pour faire entrer leur pied dans la pantoufle, mais elles ne purent en venir à bout. Cendrillon qui les regardait, et qui reconnut sa pantoufle, dit en riant :

-'Que je voie si elle ne me serait pas bonne!"

What they said was very true: a few days later, the king's son had it proclaimed by trumpet that he would marry the one whose foot fitted this slipper perfectly. They began to try it on princesses, then on duchesses and all the court, but in vain. It was brought to the two sisters, who did all they possibly could to force their foot into the slipper, but they didn't succeed.

Cinderella, who saw all this, and knew that it was her slipper, said to them, laughing, "Let me see if it will fit me."

Ses soeurs se mirent à rire et à se moquer d'elle. Le gentilhomme qui faisait l'essai de la pantoufle, ayant regardé attentivement Cendrillon, et la trouvant fort belle, dit que cela était juste, et qu'il avait ordre de l'essayer à toutes les filles.

Her sisters burst out laughing and began teasing her. The gentleman who was sent to try the slipper looked carefully at Cinderella and thinking that she was indeed very beautiful, said that it was only right that she should try as well, and that he had orders to let every girl try.

Il fit asseoir Cendrillon, et approchant la pantoufle de son petit pied, il vit qu'elle y entrait sans peine, et qu'elle y était juste comme de cire. L'étonnement des deux soeurs fut grand, mais plus grand encore quand Cendrillon tira de sa poche l'autre petite pantoufle qu'elle mit à son pied. Là-dessus arriva la marraine qui, ayant donné un coup de sa baguette sur les habits de Cendrillon, les fit devenir encore plus magnifiques que tous les autres.

He asked Cinderella to sit down, and, putting the slipper on her foot found that it went on very easily, fitting her as if it had been made just for her. Her two sisters were really astonished, then doubly so when Cinderella pulled the other slipper out of her pocket and put it on her other foot. Then in came her godmother and touched Cinderella's clothes with her wand, making them richer and more magnificent than any of those she had worn before.

Alors ses deux soeurs la reconnurent pour la belle dame qu'elles avaient vue au bal. Elles se jetèrent à ses pieds pour lui demander pardon de tous les mauvais traitements qu'elles lui avaient fait souffrir. Cendrillon

les releva, et leur dit, en les embrassant, qu'elle leur pardonnait de bon coeur, et qu'elle les priait de l'aimer bien toujours.

Now her two sisters recognized her as that fine, beautiful lady they'd seen at the ball. They threw themselves at her feet to beg pardon for all the times that had treated her badly and made her suffer. Cinderella helped them up and, as she embraced them, said that she forgave them with all her heart, and wanted them to love her always.

On la mena chez le jeune prince, parée comme elle était: il la trouva encore plus belle que jamais, et peu de jours après il l'épousa. Cendrillon, qui était aussi bonne que belle, fit loger ses deux soeurs au palais, et les maria dès le jour même à deux grands seigneurs de la cour.

She was taken to the young prince, dressed as she was. He thought she was more charming than before and, a married her a few days later. Cinderella, who was as good as she was beautiful, gave her two sisters lodgings in the palace, and the same day married them to two great lords of the court.

Un meunier ne laissa pour tous biens à trois enfants qu'il avait, que son moulin, son âne et son chat. Les partages furent bientôt faits, ni le notaire, ni le procureur n'y furent point appelés. Ils auraient eu bientôt mangé tout le pauvre patrimoine. L'aîné eut le moulin, le second eut l'âne, et le plus jeune n'eut que le chat.

There was a miller who, when he died, left his three sons his mill, his donkey, and his cat. The split happened quickly. They didn't hire a clerk or an attorney because that would have taken up their entire inheritance. The eldest took the mill, the second the donkey, and the youngest got the cat.

Ce dernier ne pouvait se consoler d'avoir un si pauvre lot:

-"Mes frères, disait-il, pourront gagner leur vie honnêtement en se mettant ensemble; quant à moi, lorsque j'aurai mangé mon chat, et que je me serai fait un manchon de sa peau, il faudra que je meure de faim."

The poor younger brother was quite sad at having received so little. "My brothers can make a handsome living by joining their shares together," he said, "whereas, after I've eaten the cat and made myself a muff from his fur, I'll then die of hunger."

Le chat qui entendait ce discours, mais qui n'en fit pas semblant, lui dit d'un air posé et sérieux:

-"Ne vous affligez point, mon maître, vous n'avez qu'à me donner un sac, et me faire faire une paire de bottes pour aller dans les broussailles, et vous verrez que vous n'êtes pas si mal partagé que vous croyez."

The cat, who heard all this but pretended he hadn't, said to him in a grave and serious manner, "Don't worry so much, my good master. If you will just give me a bag, and have a pair of boots made for me so I can run through the dirt and brambles, you'll see that you're not as badly off with me as you might imagine."

Quoique le maître du chat n'y croyait guère, il lui avait vu faire tant de tours de souplesse, pour prendre des rats et des souris, comme quand

il se pendait par les pieds, ou qu'il se cachait dans la farine pour faire le mort, qu'il ne désespéra pas d'en être secouru dans sa misère.

The cat's master didn't care much about what he'd said. However, he'd often seen the cat playing cunning tricks to catch rats and mice, such as hanging by his heels, or hiding himself in the grain and pretending to be dead. So he did think that perhaps the cat might be able to help him in his misery.

Lorsque le chat eut ce qu'il avait demandé, il se botta bravement et, mettant son sac à son cou, il en prit les cordons avec ses deux pattes de devant, et s'en alla dans une garenne où il y avait grand nombre de lapins. Il mit du son et des lasserons dans son sac, et s'étendant comme s'il eût été mort, il attendit que quelque jeune lapin peu instruit encore des ruses de ce monde, vint se fourrer dans son sac pour manger ce qu'il y avait mis.

He gave the cat what he'd asked for. He pulled on the boots and slung the bag about his neck. Holding the bag's straps in his front paws, he went to a place where there were lots of rabbits. He put some bran and greens in his bag, then stretched himself out as if he were dead. He waited for some young rabbits who weren't wise to the tricks of the world, to come and look in his bag.

A peine fut-il couché, qu'il eut satisfaction; un jeune étourdi de lapin entra dans son sac, et le maître chat tirant aussitôt les cordons le prit et le tua sans miséricorde.

He had scarcely lain down before he had what he wanted. A rash and foolish young rabbit jumped into his bag, and the master cat immediately pulled the strings, then took him and killed him mercilessly.

Tout fier de sa proie, il s'en alla chez le roi et demanda à lui parler. On le fit monter à l'appartement de sa majesté où, étant entré il fit une grande révérence au roi, et lui dit:

-"Voilà, sire, un lapin de garenne que monsieur le Marquis de Carabas (c'était le nom qu'il lui prit en gré de donner à son maître), m'a chargé de vous présenter de sa part."

-"Dis à ton maître, répondit le roi, que je le remercie, et qu'il me fait plaisir."

Proud of his prey, he took it to the palace and asked to speak to the king. He was shown upstairs into the king's apartment, and, making a low bow, said to him, "Sir, I have brought you a rabbit from my noble lord, the Master of Carabas" (for that was the title the cat had given his master).

"Tell your master," said the king, "that I thank him, and that I'm very pleased with his gift."

Une autre fois, il alla se cacher dans du blé, tenant toujours son sac ouvert; et lorsque deux perdrix y furent entrées, il tira les cordons, et les prit toutes deux. Il alla ensuite les présenter au roi, comme il avait fait avec le lapin de garenne. Le roi reçut encore avec plaisir les deux perdrix, et lui fit donner à boire. Le chat continua ainsi pendant deux ou trois mois à porter de temps en temps au roi du gibier de la chasse de son maître.

Another time, he went and hid himself in a wheat field. Again, he held his bag open, and when a brace of partridges ran into it, he drew the strings and trapped them both. He presented these to the king, as he had done before with the rabbit.

The king, in the same way, was grateful to receive the partridges and gave the cat a tip. The cat continued, from time to time for two or three months, to take game to his majesty from his master.

Un jour qu'il sut que le roi devait aller à la promenade sur le bord de la rivière avec sa fille, la plus belle princesse du monde, il dit à son maître:

-"Si vous voulez suivre mon conseil, votre fortune est faite; vous n'avez qu'à vous baigner dans la rivière à l'endroit que je vous montrerai, et ensuite me laisser faire." Le Marquis de Carabas fit ce que son chat lui conseillait, sans savoir à quoi cela serait bon. Pendant qu'il se baignait, le roi vint à passer, et le chat se mit à crier de toute ses forces:

-"Au secours, au secours, voilà Monsieur le Marquis de Carabas qui se noie!"

One day, when he knew for certain that the king would be taking a drive along the riverside with his daughter, the most beautiful princess in the world, he said to his master, "If you follow my advice your fortune will be certain. All you have to do is go and bathe yourself in the river where I show you, then leave the rest to me."

The 'Marquis of Carabas' did what the cat told him, without knowing why. The king passed by while he was bathing and the cat cried out, "Help! Help! My Lord Marquis of Carabas is going to drown."

A ce cri, le roi mit la tête à la portière, et, reconnaissant le chat qui lui avait apporté tant de fois du gibier, il ordonna à ses gardes qu'on allât vite au secours de Monsieur le Marquis de Carabas. Pendant qu'on retirait le pauvre marquis de la rivière, le chat s'approcha du carrosse, et dit au roi que dans le temps que son maître se baignait, il était venu des voleurs qui avaient emporté ses habits, quoiqu'il eût crié au voleur de toute ses forces; le drôle les avait cachés sous une grosse pierre.

Hearing this noise the king put his head out of the coach window and, finding it was the cat who had so often brought him such good game, he commanded his guards to run immediately to help the Marquis of Carabas. As they were pulling the poor Marquis out of the river, the cat came up to the coach and told the king that while his master was bathing, some rogues had come by and stolen his clothes, even though he'd cried out, "Thieves! Thieves!" several times, as loud as he could. In truth, the cunning cat had hidden the clothes under a large stone.

Le roi ordonna aussitôt aux officiers de sa garde-robe d'aller chercher un de ses plus beaux habits pour monsieur le Marquis de Carabas. Le roi lui fit mille caresses, et comme les beaux habits qu'on venait de lui donner relevaient sa bonne mine (car il était beau, et bien fait de sa personne), la fille du roi le trouva fort à son gré, et le Marquis de Carabas ne lui eut pas jeté deux ou trois regards fort respectueux, et un peu tendres, qu'elle en devint amoureuse à la folie.

The king immediately commanded the officers of his wardrobe to run and fetch one of his best suits for the Lord Marquis of Carabas.

The king received him very courteously. And, because the king's fine clothes made him quite striking in appearance (for he was very handsome and well proportioned), the king's daughter took a secret inclination to him. The Marquis of Carabas had only to cast two or three respectful and somewhat tender glances at her for her to fall head over heels in love with him.

Le roi voulut qu'il montât dans son carrosse, et qu'il fût de la promenade. Le chat ravi de voir que son dessein commençait à réussir, prit les devants, et ayant rencontré des paysans qui fauchaient un pré, il leur dit :

-"Bonnes gens qui fauchez, si vous ne dites au roi que le pré que vous fauchez appartient à Monsieur le Marquis de Carabas, vous serez tous hachés menu comme chair à pâté."

The king asked him to step into the coach and join them on their drive.

The cat, quite overjoyed to see how his project was unravelling, ran on ahead. Meeting some countrymen who were mowing a meadow, he said to them, "My good fellows, if you don't tell the king that the meadow you are mowing belongs to my Lord Marquis of Carabas, you'll be chopped up like mincemeat."

Le roi ne manqua pas à demander aux faucheurs à qui était ce pré qu'ils fauchaient.

-"C'est à Monsieur le Marquis de Carabas", dirent-ils tous ensemble, car la menace du chat leur avait fait peur.

-"Vous avez là un bel héritage, dit le roi au Marquis de Carabas.

-"Vous voyez, sire, répondit le marquis, c'est un pré qui ne manque point de rapporter abondamment toutes les années."

The king did, of course, ask the mowers whose meadow they were mowing.

"It belongs to my Lord Marquis of Carabas," they answered together, for the cat's threats had frightened them.

"You see, sir," said the Marquis, "this is a meadow that never fails to yield a plentiful harvest every year."

Le maître chat, qui allait toujours devant, rencontra des moissonneurs, et leur dit:

-"Bonnes gens qui moissonnez, si vous ne dites que tous ce blé appartient à Monsieur le Marquis de Carabas, vous serez tous hachés menu comme chair à pâté."

Le roi, qui passa un moment après, voulut savoir à qui appartenaient tout ce blé qu'il voyait.

-"C'est à monsieur le Marquis de Carabas", répondirent les moissonneurs, et le roi s'en réjouit encore avec le marquis.

The master cat, still running on ahead, met with some reapers, and said to them, "My good fellows, if you don't tell the king that all this grain belongs to the Marquis of Carabas, you'll be chopped up like mincemeat."

The king, who passed by a moment later, asked them whose grain they were reaping.

"It belongs to my Lord Marquis of Carabas," replied the reapers, which pleased both the king and the Marquis. The king congratulated him on his fine harvest.

Le chat, qui allait devant le carrosse, disait toujours la même chose à tous ceux qu'il rencontrait; et le roi était étonné des grands biens de monsieur le Marquis de Carabas.

The master cat continued to run ahead and said the same words to all he met. The king was astonished at the vast estates of the Lord Marquis of Carabas.

Le maître chat arriva enfin dans un beau château dont le maître était un ogre, le plus riche qu'on ait jamais vu, car toutes les terres par où le roi avait passé étaient sous la dépendance de ce château. Le chat, qui eut soin de s'informer qui était cet ogre, et ce qu'il savait faire, demanda à lui parler, disant qu'il n'avait pas voulu passer si près de son château, sans avoir l'honneur de lui faire la révérence.

The master cat came at last to a fine castle, ruled by an ogre, the richest ever known. All the lands the king had just passed through actually belonged to this castle. The cat, who had taken care to find out who this ogre was and what he could do, asked to speak to him, saying he couldn't pass so near his castle without having the honor of paying his respects to him.

L'ogre le reçut aussi civilement que le peut un ogre, et le fit reposer.

-"On m'a assuré, dit le chat, que vous aviez le don de vous changer en toute sorte d'animaux, que vous pouviez, par exemple, vous transformer en lion, en éléphant? -"Cela est vrai, répondit l'ogre brusquement, et pour vous le montrer, vous allez me voir devenir lion."

The ogre received him as civilly as an ogre could, and invited him to sit down. "I've heard," said the cat, "that you can change yourself into any kind of creature you want. You can, for example, transform yourself into a lion, an elephant, or the like."

"That is true," answered the ogre very briskly, "and to prove it to you, I shall now become a lion."

Le chat fut si effrayé de voir un lion devant lui, qu'il gagna aussitôt les gouttières, non sans peine et sans péril, car ses bottes ne valaient rien pour marcher sur les tuiles. Quelques temps après le chat, ayant vu que l'ogre avait quitté sa première forme, descendit, et avoua qu'il avait eu bien peur.

The cat was so terrified at the sight of a lion so near him that he leaped onto the roof, which caused him even more difficulty, because his boots were no use to him at all for walking on tiles. However, the ogre resumed his natural form, and the cat came down, saying that he'd been very frightened indeed.

-**"On m'a assuré encore, dit le chat, mais je ne saurais le croire, que vous aviez aussi le pouvoir de prendre la forme des plus petits animaux, par exemple, de vous changer en un rat, en une souris; je vous avoue que je tiens cela tout à fait impossible.**

-**"Impossible? reprit l'ogre, vous allez voir", et aussitôt il se changea en une souris qui se mit à courir sur le plancher. Le chat ne l'eut pas plus tôt aperçue qu'il se jeta dessus et la mangea.**

"I've even been told," said the cat, "that you can also transform yourself into the smallest of animals, for example, a rat or a mouse. But I can scarcely believe that. I must admit that I think that would be quite impossible."

"Impossible?" cried the ogre. "You'll see!"

He immediately changed himself into a mouse and began to run around the floor. As soon as the cat saw this, he jumped on him and ate him up.

Cependant le roi, qui vit en passant le beau château de l'ogre, voulut y entrer. Le chat, qui entendit le bruit du carrosse qui passait sur le pont-levis, courut au-devant, et dit au roi: ''Votre majesté soit la bienvenue dans le château de Monsieur le Marquis de Carabas.

-"Comment Monsieur le Marquis, s'écria le roi, ce château est encore à vous! Il n'y a rien de plus beau que cette cour et que tous ces bâtiments qui l'environnent: voyons-en l'intérieur, s'il vous plaît."

Meanwhile the king, who saw this fine castle of the ogre's as he passed, decided to go inside. The cat, who heard the noise of his majesty's coach running over the drawbridge, ran out and said to the king, "Your majesty is welcome to this castle of my Lord Marquis of Carabas."

"What? My Lord Marquis," cried the king, "does this castle also belong to you? There can be nothing finer than this courtyard and all the stately buildings which surround it. Let's go inside, if you don't mind."

Le marquis donna la main à la jeune princesse, et suivant le roi qui montait le premier, ils entrèrent dans une grande salle où ils trouvèrent une magnifique collation que l'ogre avait fait préparer pour ses amis qui devaient venir le voir ce même jour, mais qui n'avaient pas osé entrer, sachant que le roi y était.

The marquis gave his hand to the princess and followed the king, who went ahead. They moved into a spacious hall, where they found a magnificent feast prepared by the ogre for his friends who were coming to visit him that very day, but who didn't dare enter, knowing the king was there.

Le roi, charmé des bonnes qualités de monsieur le Marquis de Carabas, de même que sa fille qui en était folle, et voyant les grands biens qu'il possédait, lui dit, après avoir bu cinq ou six coupes:

-"Il ne tiendra qu'à vous, Monsieur le Marquis, que vous ne soyez mon gendre."

His majesty was charmed by the great qualities of my Lord Marquis of Carabas, as was his daughter, who had fallen madly in love with him and, seeing the vast estate he possessed, said to him, after five or six glasses of wine, "It'll be your own fault, my Lord Marquis, if you don't become my son-in-law."

Le marquis, faisant de grandes révérences, accepta l'honneur que lui faisait le roi; et le même jour épousa la princesse. Le chat devint grand seigneur, et ne courut plus après les souris que pour se divertir.

The marquis, making several low bows, accepted the honor which his majesty conferred upon him, and that very same day, married the princess.

The cat became a great lord, and never again ran after mice, other than for entertainment.

HISTOIRE 5: LES FEES
STORY 5: THE FAIRIES

Il était une fois une veuve qui avait deux filles : l'aînée lui ressemblait si fort d'humeur et de visage, que, qui la voyait, voyait la mère. Elles étaient toutes deux si désagréables et si orgueilleuses, qu'on ne pouvait vivre avec elles. La cadette, qui était le vrai portrait de son père pour la douceur et l'honnêteté, était avec cela une des plus belles filles qu'on eût su voir. Comme on aime naturellement son semblable, cette mère était folle de sa fille aînée, et, en même temps avait une aversion effroyable pour la cadette. Elle la faisait manger à la cuisine et travailler sans cesse.

Once upon a time there was a widow who had two daughters. The older was often mistaken for her mother because she was so like her in nature and in looks. Both of them were so nasty and arrogant that no one could live with them.

The younger girl was much more like her father with a gentle and sweet disposition, and she was also one of the most beautiful girls you'd ever see. The mother understandably adored the older daughter, given how much like her she was, and she disliked the younger one just as much, making her eat all her meals in the kitchen and work from morning until night.

Il fallait, entre autres choses, que cette pauvre enfant allât, deux fois le jour, puiser de l'eau à une grande demi-lieue du logis, et qu'elle rapportât plein une grande cruche. Un jour qu'elle était à cette fontaine, il vint à elle une pauvre femme qui lui pria de lui donner à boire.

-" Oui-dà, ma bonne mère, " dit cette belle fille ; et, rinçant aussitôt sa cruche, elle puisa de l'eau au plus bel endroit de la fontaine et la lui présenta, soutenant toujours la cruche, afin qu'elle bût plus aisément.

One of the poor child's many duties was to go twice a day with a large jug to get water from a spring half a mile away. One day while she was at the spring an old woman came up to her and begged for a drink.

"Why, certainly, dear lady," said the beautiful girl. Rinsing the jug, she drew some water from the cleanest part of the spring and handed it to her, lifting the jug up so that she could drink more easily.

La bonne femme, ayant bu, lui dit : " Vous êtes si belle, si bonne et si honnête, que je ne puis m'empêcher de vous faire un don ; car c'était une fée qui avait pris le forme d'une pauvre femme de village, pour voir jusqu'où irait l'honnêteté de cette jeune fille. Je vous donne pour don, poursuivit la fée, qu'à chaque parole que vous direz, il vous sortira de la bouche ou une fleur, ou une pierre précieuse. "

Now this old woman was a fairy who had taken the form of a poor peasant woman to see just how far the girl's good nature would go. "You're so beautiful," she said, when she had finished drinking, "and so polite, that I am determined to bestow a gift upon you. I grant," the fairy continued, "that with every word you speak, a flower or a precious stone shall fall from your mouth."

Lorsque cette belle fille arriva au logis, sa mère la gronda de revenir si tard de la fontaine. " Je vous demande pardon, ma mère, dit cette pauvre fille, d'avoir tardé si longtemps " ; et, en disant ces mots, il lui sortit de la bouche deux roses, deux perles et deux gros diamants. " Que vois-je là ! dit sa mère toute étonnée ; je crois qu'il lui sort de la bouche des perles et des diamants. D'où vient cela, ma fille ? (Ce fut là la première fois

qu'elle l'appela sa fille.) La pauvre enfant lui raconta naïvement tout ce qui lui était arrivé, non sans jeter une infinité de diamants.

When the beautiful girl got home, her mother scolded her for staying so long at the spring.

"I beg your pardon, mother, for taking so long," she said and, as she spoke two roses, two pearls, and two large diamonds fell from her mouth.

"What am I seeing?" cried her mother. "I think I saw pearls and diamonds coming out of your mouth? What have you been doing, my daughter?" (This was the first time she had ever called her 'daughter'.)

Innocently, the poor child told her what had happened, and scattered countless diamonds as she spoke.

" Vraiment, dit la mère, il faut que j'y envoie ma fille. Tenez, Fanchon, voyez ce qui sort de la bouche de votre sœur quand elle parle ; ne seriez-

vous pas bien aise d'avoir le même don ? Vous n'avez qu'à aller puiser de l'eau à la fontaine, et, quand une pauvre femme vous demandera à boire, lui en donner bien honnêtement. - Il me ferait beau voir, répondit la brutale, aller à la fontaine ! - Je veux que vous y alliez, reprit la mère, et tout à l'heure. "

"I really must send my other daughter there. Come here, Fanchon. Look what comes out of your sister's mouth whenever she speaks! Wouldn't you like to be able to do the same thing? All you have to do is go and fetch some water from the spring and, when a poor woman asks you for a drink, give it to her very nicely."

"You want me to go to the spring?" asked the ill-mannered girl.

"I am telling you you're going," replied the mother, "and right now!"

Elle y alla, mais toujours en grondant. Elle prit le plus beau flacon d'argent qui fut au logis. Elle ne fut pas plus tôt arrivée à la fontaine, qu'elle vit sortir du bois une dame magnifiquement vêtue, qui vint lui demander à boire. C'était la même fée qui avait apparu à sa sœur, mais qui avait pris l'air et les habits d'une princesse, pour voir jusqu'où irait la malhonnêteté de cette fille. " Est-ce que je suis ici venue, lui dit cette brutale orgueilleuse, pour vous donner à boire ? Justement j'ai apporté un flacon d'argent tout exprès pour donner à boire à Madame ! J'en suis d'avis : buvez à même si vous voulez.

Sulking, the girl went out and took with her the finest silver flask in the house. No sooner had she reached the spring than she saw a magnificently dressed lady coming out of the woods towards her. She asked for a drink. This was the same fairy who had appeared to her sister, but she was now disguised as a princess in order to test how far this girl's bad manners would go.

"You think I've come here just to get you a drink?" asked the rude, arrogant girl. "You think I brought a silver flask here just to get madam a drink? Yes, OK! Have a drink, if you must!"

Vous n'êtes guère honnête, reprit la fée, sans se mettre en colère. Eh bien ! puisque vous êtes si peu obligeante, je vous donne pour don qu'à chaque parole que vous direz, il vous sortira de la bouche ou un serpent, ou un crapaud. "

D'abord que sa mère l'aperçut, elle lui cria : " Eh bien ! ma fille ! - Eh bien ! ma mère ! lui répondit la brutale, en jetant deux vipères et deux crapauds. - O ciel, s'écria la mère, que vois-je là ? C'est sa sœur qui est en cause : elle me le paiera " ;

"You aren't very polite," replied the fairy, calmly. "Well, to return your lack of good manners, I grant that for every word you speak a snake or a toad will drop out of your mouth."

As soon as her mother saw her returning she cried out, "Well, daughter?"

"Well, mother?" answered the rude girl. And as she spoke two vipers and two toads fell from her mouth.

"Heavens!" cried the mother. "What do I see? Your sister is to blame for this. She'll pay for this!"

Et aussitôt elle courut pour la battre. La pauvre enfant s'enfuit et alla se sauver dans la forêt prochaine. Le fils du roi, qui revenait de la chasse,

al rencontra et, la voyant si belle, lui demanda ce qu'elle faisait là toute seule et ce qu'elle avait à pleurer ! " Hélas, Monsieur, c'est ma mère qui m'a chassée du logis. " Le fils du roi, qui vit sortir de sa bouche cinq ou six perles et autant de diamants, lui pria de lui dire d'où cela lui venait. Elle lui conta toute son aventure. Le fils du roi en devint amoureux ; et, considérant qu'un tel don valait mieux que tout ce qu'on pouvait donner en mariage à une autre, l'emmena au palais du roi son père, où il l'épousa.

She ran off to beat her, but the poor child escaped into the woods nearby. The king's son met her on his way home from hunting and, noticing how beautiful she was, he asked her what she was doing there on her own and why she was crying.

"Alas, sir, my mother has driven me from home."

As she spoke the king's son saw five or six pearls and as many diamonds fall from her mouth. He begged her to tell him why this was happening, and so she told him the whole story.

The king's son fell in love with her and, as the gift that had been bestowed on her was worth more than any dowry he might receive from someone else, he took her to his father's royal palace and married her.

Pour sa sœur, elle se fit tant haïr, que sa propre mère la chassa de chez elle ; et la malheureuse, après avoir bien couru sans trouver personne qui voulut la recevoir, alla mourir au coin d'un bois.

As for her sister, she was so full of hate that her own mother drove her out of the house. No one would take in the miserable girl, so she went into a corner of the woods and died.

HISTOIRE 6: PEAU D'ANE
STORY 6: DONKEY SKIN

Il était une fois un roi si grand, si aimé de ses peuples, si respecté de tous ses voisins et de ses alliés, qu'on pouvait dire qu'il était le plus heureux de tous les monarques. Son bonheur était encore confirmé par le choix qu'il avait fait d'une princesse aussi belle que vertueuse ; et ces heureux époux vivaient dans une union parfaite. De leur mariage était née une fille, douée de tant de grâce et de charmes, qu'ils ne regrettaient pas de n'avoir pas une plus ample lignée.

Once upon a time there was a King, so great, so beloved by his people, and so respected by all his neighbours and allies that you might almost say he was the happiest monarch alive. His good fortune was made even greater by having chosen to marry a princess as beautiful as she was virtuous, and with whom he lived in perfect happiness. They had a daughter blessed with so many gifts that they weren't upset when they didn't have any more children.

La magnificence, le goût et l'abondance régnaient dans son palais ; les ministres étaient sages et habiles ; les courtisans, vertueux et attachés ; les domestiques, fidèles et laborieux ; les écuries, vastes et remplies des plus beaux chevaux du monde, couverts de riches caparaçons : mais ce qui étonnait les étrangers qui venaient admirer ces belles écuries, c'est qu'au lieu le plus apparent un maître d'âne étalait de longues et grandes oreilles.

Magnificence, good taste, and wealth reigned in the palace. The ministers were wise and clever, the courtiers were virtuous and devoted, and the servants were loyal and hard-working. The spacious stables housed the most beautiful horses in the world, each covered with a rich blanket. But what surprised strangers who came to visit them the most was seeing, in the finest of the stalls, an old donkey with fabulous long ears.

Ce n'était pas par fantaisie, mais avec raison, que le roi lui avait donné une place particulière et distinguée. Les vertus de ce rare animal méritaient cette distinction, puisque la nature l'avait formé si extraordinaire, que

sa litière, au lieu d'être malpropre, était couverte, tous les matins, avec profusion, de beaux écus au soleil, et de louis d'or de toute espèce, qu'on allait recueillir à son réveil.

Now, it was for a good reason rather than an impulse that the King had given this donkey a particular and distinguished place. The special qualities of this rare animal deserved distinction: nature had made it in such an extraordinary way that its litter wasn't like that of other donkeys, but each morning was covered in vast numbers of beautiful golden crowns and golden coins of every kind, all of which were collected daily.

Or, comme les vicissitudes de la vie s'étendent aussi bien sur les rois que sur les sujets, et que toujours les biens sont mêlés de quelques maux, le ciel permit que la reine fût tout à coup attaquée d'une âpre maladie, pour laquelle, malgré la science et l'habileté des médecins, on ne put trouver aucun secours.

Since life's challenges affect Kings as much as their subjects, and good is always mingled with ill, it happened that the Queen suddenly fell ill and, despite scientific advances and the skill of the doctors, no cure could be found.

a désolation fut générale roi, sensible et amoureux, malgré le proverbe fameux qui dit que le mariage est le tombeau de l'amour, s'affligeait sans modération, faisait des voeux ardents à tous les temples de son royaume, offrait sa vie pour celle d'une épouse si chère, mais les dieux et les fées étaient invoqués en vain.

The entire land entered a great period of mourning. The King who was very much in love with his wife, was very upset, despite the famous proverb which says that marriage is the tomb of love. He made fervent vows at all the temples in his kingdom and offered to give his life for that of his beloved wife, but the gods and fairies didn't hear him.

La reine, sentant sa dernière heure approcher, dit à son époux qui fondait en larmes:

- Trouvez bon, avant que je meure, que j'exige une chose de vous : C'est que s'il vous prenait envie de vous remarier…

The Queen, feeling the end of her life approaching, had said to her tearful husband, "It's right that I should speak to you about a particular thing before I die. If you should happen to want to marry again. . . . "

Non, non, dit-il enfin, ma chère reine, parlez moi plutôt de vous suivre. L'État, reprit la reine avec une fermeté qui augmentait les regrets de ce prince, l'État doit exiger des successeurs, et, comme je ne vous ai donné qu'une fille, vous pressait d'avoir des fils qui vous ressemblent : mais je vous demande instamment, par tout l'amour que vous avez eu pour moi, de ne céder à l'empressement de vos peuples que lorsque vous aurez trouvé une princesse plus belle et mieux faite que moi ; j'en veux votre serment, et alors je mourrai contente.

"No, my dear wife," he said at last, "speak to me rather of how I may follow you."

"The State," continued the Queen with a finality which increased the King's distress, "the State demands successors, and since I have only given you a daughter, it will urge you to have sons to follow you. But I ask you in all seriousness not to give in to your people's wishes until you have found a princess more beautiful and

more perfectly made than I am. I beg you to swear this to me, and then I shall die happy."

On présume que la reine, qui ne manquait pas d'amour-propre, avait exigé ce serment, ne croyant pas qu'il fût au monde personne qui pût l'égaler, pensant bien que c'était s'assurer que le roi ne se remarierait jamais. Enfin elle mourut. Jamais mari ne fit tant de vacarme : pleurer, sangloter jour et nuit, menus droits du veuvage, furent son unique occupation.

As the Queen didn't lack self-esteem, she made this statement firmly believing that she had no equal in the world and was therefore confident that the King would never marry again. Anyway, she died, and no husband ever cried so much over his loss. The King wept and sobbed day and night, fulfilling the role of widow to the exclusion of anything else.

Les grandes douleurs ne durent pas. D'ailleurs, les grands de l'État s'assemblèrent, et vinrent en corps prier le roi de se remarier. Cette première proposition lui parut dure, et lui fit répandre de nouvelles larmes. Il allégua le serment qu'il avait fait à la reine, défiant tous ses conseillers de pouvoir trouver une princesse plus belle et mieux faite que feu sa femme, pensant que cela était impossible.

Mais le conseil traita de babiole une telle promesse et dit qu'il importait peu de la beauté, pourvu qu'une reine fût vertueuse ; que l'État demandait des princes pour son repos et sa tranquillité ; qu'à la vérité, l'Infante avait toutes les qualités requises pour faire une grande reine, mais qu'il fallait lui choisir un époux ; et qu'alors ou cet étranger l'emmènerait chez lui, ou que, s'il régnait avec elle, ses enfants ne seraient plus réputés du même sang ; et que, n'y ayant point de prince de son nom, les peuples voisins pourraient lui susciter des guerres qui entraîneraient la ruine du royaume.

But even great grief doesn't last for ever. After a time, the State dignitaries gathered and came to the King, urging him to take another wife. At first this request struck him as hard and made him shed fresh tears. He told them of the vows he had made to the Queen, and challenged his councillors to find a princess more beautiful and better made than was she, thinking this to be impossible. But the Council treated the promise as unimportant, and said that it didn't matter about beauty provided the Queen was virtuous. The State needed princes for its peace and prosperity, and though his daughter the princess had all the qualities needed to make a great Queen, she would have to choose a foreigner for her husband, and then he would take her away with him. If, on the other hand, he remained in her country and shared the throne with her, their children would not be considered to be of pure native stock, and as there wouldn't be a true heir to the land, neighbouring peoples would stir up wars, and the kingdom would be ruined.

Le roi, frappé de ces considérations, promit qu'il songerait à les contenter. Effectivement, il chercha, parmi les princesses à marier, qui serait celle qui pourrait lui convenir.

The King, concerned by these points, promised that he would think the matter over. And so a search was made among all the marriageable princesses for one that might suit him.

Chaque jour on lui apportait des portraits charmants, mais aucun n'avait les grâces de la feue reine : ainsi il ne se déterminait point.. Malheureusement il s'avisa de trouver que l'Infante surpassait encore de beaucoup la reine sa mère en esprit et en agréments. Sa jeunesse, l'agréable fraîcheur de ce beau teint enflammèrent le roi d'un ton si violent, qu'il ne put le cacher à l'Infante, et il lui dit qu'il avait résolu de l'épouser, puisqu'elle seule pouvait le dégager de son serment.

Every day, he was shown charming portraits but none seemed to have the beauty of his late Queen and he just couldn't decide ...

Unfortunately, he imagined that the Princess, his daughter, was more lovely than her mother. Her youth and beauty had such an effect on him that he couldn't hide from his daughter that he'd decided to marry her as only she could save him from this predicament.

La jeune princesse, remplie de vertu et de pudeur, pensa s'évanouir à cette horrible proposition. Elle se jeta aux pieds du roi son père, et le

conjura, avec toute la force qu'elle pût trouver dans son esprit, de ne la pas contraindre à commettre un tel crime.

The young Princess, who was virtuous and chaste, thought she would faint at such a proposition. She threw herself at the feet of the King her father and begged him, with all the strength she could find, not to make her commit such a crime.

Le roi, qui s'était mis en tête ce bizarre projet, avait consulté un vieux druide pour mettre la conscience de la princesse en repos. Ce druide, moins religieux qu'ambitieux, sacrifia, à l'honneur d'être confident d'un grand roi, l'intérêt et l'innocence et de la vertu, et s'insinua avec tant d'adresse dans l'esprit du roi, lui adoucit tellement le crime qu'il allait commettre, qu'il lui persuada même que c'était une oeuvre pie que d'épouser sa fille.

The King, who'd got this strange idea in his head, asked an old Druid priest to put the Princess's mind at rest. Now this Druid, less religious than he was ambitious, sacrificed innocence and virtue in favour of being the King's confidant and, instead of trying to restore the King to his right mind, encouraged him in his mad plan to marry his own daughter.

La jeune princesse, outrée d'une vive douleur, n'imagina rien d'autre chose que d'aller trouver la Fée des Lilas, sa marraine. Pour cet effet, elle partit la même nuit dans un joli cabriolet attelé d'un gros mouton qui savait tous les chemins. Elle y arriva heureusement. La fée, qui aimait l'Infante, lui dit qu'elle savait tout ce qu'elle venait lui dire, mais qu'elle n'eût aucun souci, rien ne pouvant lui nuire si elle exécutait fidèlement ce qu'elle allait lui prescrire.

The young Princess, beside herself with misery, couldn't think of anything other than going to find the Lilac Fairy, her godmother. So, she set out that same night in a pretty little carriage drawn by a great sheep who knew all the roads. She arrived safely and the fairy, who loved the Princess, told her that she knew what she'd come to say, and that she needn't be afraid, for nothing would harm her if she faithfully carried out the fairy's instructions.

Car, ma chère enfant, lui dit-elle, ce serait une grande faute que d'épouser votre père, mais, sans le contredire, vous pouvez l'éviter : dites lui que, pour remplir une fantaisie que vous avez, il faut qu'il vous donne une robe de la couleur du temps ; jamais, avec tout son amour et son pouvoir, il ne pourra y parvenir.

"My dear child," she said to her, "it would be a great mistake to submit to your father's wishes, but you can avoid it without falling out with him. Tell him that to satisfy a whim of yours, he must give you a dress the colour of the weather. He will never, in spite of all his love and power, be able to give you that."

La princesse remercia bien sa marraine ; et dès le lendemain matin, elle dit au roi son père ce que la fée lui avait conseillé, et protesta qu'on ne tirerait d'elle aucun aveu qu'elle n'eût une robe couleur du temps. Le roi, ravi de l'espérance qu'elle lui donnait, assembla les plus fameux ouvriers, et leur commanda cette robe, sous la consigne que, s'ils ne pouvaient réussir, il les ferait tous pendre.

The Princess thanked her godmother and, the next morning told the King what the Fairy had suggested to her, and protested that no one would win her hand unless he gave her a dress the colour of the weather. The King, overjoyed and hopeful, called together the most skillful workmen, and demanded they make this robe, otherwise they would be hanged.

Il n'eut pas le chagrin d'en venir à cette extrémité, dès le second jour ils apportèrent la robe si désirée. D'empyrée n'est pas d'un plus beau bleu lorsqu'il est ceint de nuages d'or, que cette belle robe lorsqu'elle fut étalée. L'Infante en fut toute contrastée et ne savait comment se tirer d'embarras.

But he was saved from resorting to this extreme measure as after two days, they brought the much-desired robe. The heavens are not a more beautiful blue, when circled with clouds of gold, than that lovely dress was when it was revealed. The Princess was very sad as a result, and didn't know how to get out of this.

Le roi pressait la conclusion. Il fallut recourir encore à la marraine, qui, étonnée de ce que son secret n'avait pas réussi', lui dit d'essayer d'en demander une de la couleur de la lune.

Once more she went to her Fairy-godmother who, astonished that her plan had failed, now told her to ask for another gown the colour of the moon.

Le roi, qui ne pouvait lui rien refuser, envoya chercher les plus habiles ouvriers, et leur commanda si expressément une robe couleur de la lune, qu'entre ordonner et apporter il n'y eut pas vingt-quatre heures...

The King, who couldn't deny her anything, again sought the cleverest workmen and commanded them to make a dress the colour of the moon, and they had no more than twenty-four hours to do it.

L'Infante, plus charmée de cette superbe robe que des soins du roi son père, s'affligea immodérément lorsqu'elle fut avec ses femmes et sa nourrice. La Fée des Lilas, qui savait tout, vint au secours de l'affligée princesse, et lui dit :

- Ou je me trompe fort, ou je crois que, si vous demandez une robe couleur, du soleil, ou nous viendrons à bout de dégoûter le roi votre père, car jamais on ne pourra parvenir à faire une pareille robe, ou nous gagnerons au moins du temps.

The Princess, though pleased with the dress when it was delivered, showed her distress when she was with her women and nurse. The Lilac-fairy, who knew all, hastened to comfort her and said, "I may be very wrong but I'm certain that if you ask for a dress the colour of the sun, we will confuse the King your father at last, for no-one could ever make such a gown. If they could, though, we would gain some time."

L'Infante en convint, demanda la robe et l'amoureux roi donna, sans regret, tous les diamants et les rubis de sa couronne pour aider à ce superbe ouvrage, avec l'ordre de ne rien épargner pour rendre cette robe égale au soleil. Aussi, dès qu'elle parût, tous ceux qui la virent déployée furent obligés de fermer les yeux, tant ils furent éblouis. C'est de ce temps que datent les lunettes vertes et les verres noirs.

So the Princess asked for yet another gown and the infatuated King couldn't refuse his daughter anything. He willingly gave all the diamonds and rubies in his crown to help with this superb work. He said nothing was to be spared that could make the dress as beautiful as the sun. And, indeed, when the dress appeared, all those who saw it had to close their eyes, they were so dazzled. And in fact, green spectacles and dark glass date from that time.

Que devient l'Infante à cette vue ? Jamais on n'avait rien vu de si beau et de si artistement ouvré. Elle était confondue ; et sous prétexte d'avoir mal aux yeux, elle se retira dans sa chambre où la fée l'attendait, plus honteuse qu'on ne peut dire.

What was the Princess to do? Never had so beautiful and so artistic a robe been seen. She was dumb-founded, and pretending that its brilliance had hurt her eyes she retired to her chamber, where she found the fairy awaiting her, feeling more embarrassed than you can imagine.

Ce fut bien pis : car, en voyant la robe du soleil, elle devint rouge de colère.

- Oh ! pour le coup, ma fille, dit-elle à l'Infante, nous allons mettre l'indigne amour de votre père à une terrible épreuve. Je le crois bien entêté de ce mariage qu'il croit si prochain, mais je pense qu'il sera un peu étourdi de la demande que je vous conseille de lui faire : C'est la peau de cet âne qu'il aime si passionnément, et qui fournit à toutes ses dépenses avec tant de profusion ; allez, et ne manquez pas de lui dire que vous désirez cette peau.

L'Infante, ravie de trouver encore un moyen d'éluder un mariage qu'elle détestait, et qui pensait en même temps que son père ne pourrait jamais se résoudre à sacrifier son âne, vint le trouver et lui exposa son désir pour la peau de ce bel animal.

When she saw the dress like the sun, the Lilac-fairy turned red with rage. "Oh, this time, my child," she said to the Princess, "we will put the awful love of the King to a terrible test. In spite of his madness, I think he will be a little astonished by the request that I urge you to make, which is that he should give you the skin of that ass he loves so dearly, and which provides him so profusely with the ability to pay all his expenses. Go, and make sure you tell him that you want this skin." The Princess was overjoyed at finding yet another avenue of escape, for she believed that her father could never bring himself to sacrifice the ass, and so went to find him to explain her latest desire.

Quoique le roi fût étonné de cette fantaisie, il ne balança pas à la satisfaire. Le pauvre âne fut sacrifié, et la peau galamment apportée à l'Infante, qui, ne voyant plus aucun moyen d'éluder son malheur, s'allait désespérer.

Although the King was astonished by this whim, he didn't hesitate to grant it. The poor ass was sacrificed and the skin brought, with due ceremony, to the Princess, who, seeing no other way of avoiding her ill-fortune, was desperate.

A ce moment-là sa marraine accourut.

Que faites vous, ma fille ? dit-elle, voyant la princesse déchirant ses cheveux et meurtrissant ses belles joues ; voici le moment le plus heureux de votre vie. Enveloppez vous de cette peau, sortez de ce palais, et allez tant que la terre pourra vous porter: lorsqu'on sacrifie tout à la vertu, les dieux savent en récompenser. Allez, j'aurai soin que votre toilette vous suive partout ; en quelque lieu que vous vous arrêtiez, votre cassette, où seront vos habits et vos bijoux, suivra vos pas sous terre ; et voici ma baguette que je vous donne : en frappant la terre, quand vous aurez besoin de cette cassette, elle paraîtra à vos yeux ; mais hâtez vous de partir, et ne tardez pas.

At that moment her godmother arrived. "What are you doing, my child?" she asked, seeing the Princess tearing her hair out, her beautiful cheeks stained with tears. "This is the most happy moment of your life. Wrap yourself in this skin, leave the palace, and walk for as long as you can find ground to carry you: when one sacrifices everything to virtue the Gods know how to reward you. Go, and I'll make sure that your possessions follow you. Wherever you rest, your chest with your clothes and your jewels will follow your steps, and here is my wand which I'm giving you. Tap the ground with it when you need the chest, and it will appear before your eyes. But make haste to leave, don't delay."

L'Infante embrassa mille fois sa marraine, la pria de ne pas l'abandonner, s'affubla de cette vilaine peau, après s'être barbouillée de suie de cheminée, et sortit de ce riche palais sans être reconnue de personne.

The Princess embraced her godmother many times, and begged her not to let her down. Then after she had smeared herself with soot from the chimney, she wrapped herself up in that ugly skin and went out from the magnificent palace without being recognised by a single person.

L'absence de l'Infante causa une grande rumeur. Le roi, au désespoir, qui avait fait préparer une fête magnifique, était inconsolable. Il fit partir plus de cent gendarmes et plus de mille mousquetaires pour aller à la recherche de sa fille ; mais la fée, qui la protégeait, la rendait invisible aux plus habiles recherches : ainsi il fallut bien s'en consoler.

The absence of the Princess caused a great commotion. The King, who had had a sumptuous banquet prepared, was inconsolable. He sent out more than a hundred policemen and more than a thousand musketeers to find her. But the Lilac-fairy made her invisible even to the cleverest seekers, and thus she escaped them.

Pendant ce temps, l'Infante cheminait. Elle alla bien loin, encore plus loin, et cherchait partout une place ; mais quoique par charité on lui donnât à manger, on la trouvait si crasseuse que personne n'en voulait.

Meanwhile the Princess walked far, far away and, after a while, looked for a resting place. Although people gave her food out of kindness, she was so dishevelled and dirty that no one wanted to let her stay with them.

Cependant, elle entra dans une belle ville, à la porte de laquelle était une métairie, dont la fermière avait besoin d'un souillon pour laver les torchons, nettoyer les dindons et l'auge des cochons. Cette femme, voyant cette voyageuse si malpropre, lui proposa d'entrer chez elle ; ce que l'Infante accepta de grand coeur, tant elle était lasse d'avoir tant marché.

On la mit dans un coin reculé de la cuisine, où elle fut, les premiers jours, en butte aux plaisanteries grossières de la valetaille, tant sa peau d'âne la rendait sale et dégoûtante. Enfin, on s'y accoutuma ; d'ailleurs elle était si soigneuse de remplir ses devoirs, que la fermière la prit sous sa protection. Elle conduisait les moutons, les faisait parquer au temps où il le fallait ; elle menait les dindons paître avec une telle intelligence, qu'il semblait qu'elle n'eût jamais fait autre chose: aussi tout fructifiait sous ses belles mains.

She eventually came to a beautiful town where a small farm stood near the gate. The farmer's wife happened to need a serving girl to wash the dishes and look after the turkeys and pigs and, seeing such a dirty vagrant, she offered to give her work. The Princess, who was by now very tired, accepted joyfully. She worked in a recess in the kitchen where, for the first few days, she was subjected to the coarse jokes of the men-servants, so dirty and unpleasant was she in the donkey-skin. At last they tired of their jokes and, because she was so attentive to her work, the farmer's wife took her into her care. She minded the sheep, and penned them up when it was necessary, and took the turkeys out to graze so skilfully that it seemed as if she'd never done anything else. Everything she did, she did well.

Un jour qu'assise près d'une claire fontaine, où elle déplorait souvent sa triste condition, elle s'avisa de s'y mirer, l'effroyable peau d'âne, qui faisait sa coiffure et son habillement, l'épouvanta.

Honteuse de cet ajustement, elle se décrassa le visage et les mains, qui devinrent plus blanches que l'ivoire, et son beau teint reprit sa fraîcheur naturelle. La joie de se trouver si belle lui donna envie de se baigner, ce qu'elle exécuta ; mais il lui fallut remettre son indigne peau pour retourner à la métairie.

One day she was sitting near a pretty fountain where she often sat and bemoaned her sad condition, when she thought to look at herself in the water. The horrible donkey-skin which covered her from head to toe revolted her.

Ashamed, she washed her face and her hands until they were whiter than ivory, and once again her lovely complexion took its natural freshness. The joy of finding herself so beautiful filled her with the desire to bathe in the pool, and so she did. But she had to put her disgusting skin on again before she returned to the farm.

Heureusement, le lendemain était un jour de fête ; ainsi elle eut le loisir de tirer sa cassette, d'arranger sa toilette, de poudrer ses beaux cheveux, et de mettre sa belle robe couleur du temps. Sa chambre était si petite, que la queue de cette belle robe ne pouvait pas s'étendre. La belle princesse se mira et s'admira elle-même avec raison, si bien qu'elle résolut, pour se désennuyer, de mettre tour à tour ses belles robes, les fêtes et les dimanches ; ce qu'elle exécuta ponctuellement.

Elle mêlait des fleurs et des diamants dans ses beaux cheveux, avec un art admirable et souvent elle soupirait de n'avoir pour témoins de sa beauté que ses moutons et ses dindons, qui l'aimaient autant avec son horrible peau d'âne, dont on lui avait donné le nom dans cette ferme.

By good fortune the next day happened to be a holiday, so she had time to call up her chest with the fairy's wand, get washed, powder her beautiful hair, and put on the lovely gown that was the colour of the weather. The room was so small, though, that the train couldn't be spread out properly. The beautiful Princess looked at herself, and with good reason admired how she looked, then decided to wear her magnificent dresses in turn on holidays and Sundays for her own pleasure, and she did. She threaded flowers and diamonds in her lovely hair with real skill, and often she sighed that there was nobody to appreciate her beauty except the sheep and turkeys, but they loved her just as much in the horrible donkey-skin which she'd been named after at the farm.

Un jour de fête, que Peau d'Ane avait mis la robe couleur du soleil, le fils du roi, à qui cette ferme appartenait, vint y descendre pour se reposer, en revenant de la chasse. Ce prince était jeune, beau et admirablement bien fait, l'amour de son père et de la reine sa mère, adoré des peuples. On offrit à ce jeune prince une collation champêtre, qu'il accepta ; puis il se mit à parcourir les basses-cours et tous les recoins.

En courant ainsi de lieu en lieu, il entra dans une sombre allée, au bout de laquelle il vit une porte fermée. La curiosité lui fit mettre l'oeil à la serrure ; mais que devint il en apercevant la princesse si belle et si richement vêtue, qu'à son air noble et modeste, il la prit pour une divinité. L'impétuosité du sentiment qu'il éprouva dans ce moment l'aurait porté à enfoncer la porte, sans le respect que lui inspira cette ravissante personne.

One holiday when Donkey-skin had put on her sun dress, the son of the King to whom the farm belonged stopped to rest there on his way home from the hunt. This Prince was young and handsome, beloved of his father and of the Queen his mother, and adored by the people. After he'd had the simple snack offered him, he set out to inspect the farmyard and all its nooks and crannies. In going around the place, he went into a dark alley and saw a closed door at the end of it. Curiosity made him put his eye to the keyhole. On seeing such a beautiful princess so richly dressed, and so noble and dignified in her bearing, he took her to be a goddess. The strength of his feelings at that moment made him want to break down the door, but the charming figure filled him with respect.

Il sortit avec peine de cette allée sombre et obscure, mais ce fut pour s'informer qui était la personne qui demeurait dans cette petite chambre. On lui répondit que c'était une souillon, qu'on nommait Peau d'Ane à cause de la peau dont elle s'habillait, et qu'elle était si sale et si crasseuse, que personne ne la regardait ni lui parlait et qu'on ne l'avait prise que par pitié, pour garder les moutons et les dindons.

He withdrew sadly from this gloomy little alley, but was determined to discover who the person living in the tiny room was. He was told that it was a tramp called Donkey-skin because of the skin she always wore, and that she was so dirty and unpleasant that no one took any notice of her, or even spoke to her, and that she had just been taken in out of pity to look after the sheep and turkeys.

Le prince, peu satisfait de cet éclaircissement, vit bien que ces gens grossiers n'en savaient pas davantage, et qu'il était inutile de les questionner.

Il revint au palais du roi son père, plus amoureux qu'on ne peut dire, ayant continuellement devant les yeux la belle image de cette divinité qu'il avait vue par le trou de la serrure.

Il se repentit de n'avoir pas heurté à la porte et se promit bien de n'y pas manquer une autre fois. Mais l'agitation de son sang, causée par l'ardeur de son amour, lui donna, dans la même nuit, une fièvre si terrible, que bientôt il fut réduit à l'extrémité.

The Prince, somewhat dissatisfied by this information, saw that these people knew nothing more, and that it was a waste of time asking them.

So, he returned to his father's palace, head over heels in love, the beautiful image of the goddess he had seen through the keyhole fixed in his mind.

He really regretted that he hadn't knocked on the door, and vowed that he wouldn't fail to do so next time. But the strength of his love made him so agitated that that very night he developed a terrible fever, and was soon at death's door.

La reine, sa mère, qui n'avait que lui d'enfant, se désespérait de ce que tous les remèdes étaient inutiles. Elle promettait en vain les plus grandes récompenses aux médecins ; ils y employèrent tout leur art, mais rien ne guérissait le prince.

Enfin, ils devinèrent qu'un mortel chagrin causait tout ce ravage ; ils en avertirent la reine, qui, toute pleine de tendresse pour son fils, vint le conjurer de dire la cause de son mal et que, quand il s'agirait de lui céder la couronne, le roi son père descendrait de son trône sans regret,

pour l'y faire monter ; que s'il désirait quelque princesse, quand même on serait en guerre avec le roi son père, et qu'on eût de justes sujets pour s'en plaindre, on sacrifierait tout pour obtenir ce qu'il désirait ; mais qu'elle le conjurait de ne pas se laisser mourir, puisque de sa vie dépendait la leur.

La reine n'acheva pas ce touchant discours sans mouiller le visage du prince d'un torrent de larmes.

The Queen, who had no other children, was desperate because none of the remedies worked. She promised great rewards to the doctors if they would apply all their knowledge, but nothing cured the Prince. At last they decided that some great sorrow must have caused this terrible fever.

They told the Queen this and she went to him and begged him to tell her his trouble, so anxious was she to make him better. She declared that even if it was a matter of giving him the crown, his father would willingly pass the throne to him. Or if he desired some Princess, even if it led to war, causing the King his father and their subjects to complain justifiably, she would sacrifice everything to get what he wanted.

She begged him with tears in her eyes not to die, because her life depended on his. The Queen hadn't finish saying all of this when she noticed the Prince's face was wet with tears.

Madame, lui dit enfin le prince avec une voix très faible, je ne suis pas assez dénaturé pour désirer la couronne de mon père ; plaise au ciel qu'il vive de longues années, et qu'il veuille bien que je sois longtemps le plus fidèle et le plus respectueux de ses sujets. Quant aux princesses que vous m'offrez, je n'ai point encore pensé à me marier et vous pensez bien que, soumis comme je le suis à vos volontés, je vous obéirai toujours, quoi qu'il m'en coûte.

"Madam," he said at last, very feebly, "I'm not so unnatural as to desire my father's crown, rather let Heaven grant him many more years of life, and allow me to be the most faithful and respectful of his subjects! As to the Princesses you speak of, I've never thought of marriage, and you know that, subject as I am to your wishes, I shall obey you always, however much it hurts me."

Ah, mon fils, reprit la reine, rien ne me coûtera pour te sauver la vie, mais, mon cher fils, sauve la mienne et celle du roi ton père en me déclarant ce que tu désires et sois bien assuré qu'il te sera accordé.

"Oh, my son," replied the Queen, "we'll stop at nothing to save your life. But, my dear child, save mine and that of the King your father by telling me what you desire, and know that you'll have it."

Eh bien, madame, dit-il, puisqu'il faut vous déclarer ma pensée, je vais vous obéir ; je me ferais un crime de mettre en danger deux êtres qui me sont si chers.

- Oui, ma mère, je désire que Peau d'Ane me fasse un gâteau, et que, dès qu'il sera fait, on me l'apporte.

La reine, étonnée de ce nom bizarre, demanda qui était cette Peau d'Ane.

- C'est, Madame, reprit un de ses officiers qui par hasard avait vu cette fille, c'est la plus vilaine bête après le loup ; une peau noire, une crasseuse qui loge dans votre métairie et qui garde vos dindons.

- N'importe, dit la reine : mon fils, au retour de la chasse, a peut-être mangé de sa pâtisserie ; c'est une fantaisie de malade ; en un mot, je veux que Peau d'Ane (puisque Peau d'Ane, il y a) lui fasse promptement un gâteau.

"Well, Madam," he said, "since you want me to tell you my thoughts, I will obey you. It would indeed be a sin to put in danger two lives so dear to me. Know, my mother, that I wish Donkey-skin to make me a cake, and to have it brought to me when it's ready."

The Queen, astonished by this strange name, asked who Donkey-skin was.

"It is, Madam," replied one of her officers who'd happened to see this girl, "the most ugly creature imaginable after a wolf, a tramp who lodges at your farm and minds your turkeys."

"It doesn't matter," said the Queen. "My son, on his way home from hunting, happened to eat one of her cakes. This is a wish like sick people sometimes have.

In a word, I want Donkey-skin, since Donkey-skin it is, to make him a cake as soon as possible."

On courut à la métairie, et l'on fit venir Peau d'Ane, pour lui ordonner de faire de son mieux un gâteau pour le prince.

Quelques auteurs ont assuré que Peau d'Ane, au moment que ce prince avait mis l'úil à la serrure, les siens l'avaient aperçu ; et puis que, regardant par sa petite fenêtre, elle avait vu ce prince si jeune, si beau et si bien fait, que l'idée lui en était restée, et que souvent ce souvenir lui avait coûté quelques soupirs.

Quoi qu'il en soit, Peau d'Ane l'ayant vu, ou en ayant beaucoup entendu parler avec éloge, ravie de pouvoir trouver un moyen d'être connue, s'enferma dans sa chambre, jeta sa vilaine peau, se décrassa le visage et les mains, se coiffa de ses blonds cheveux, mit un beau corset d'argent brillant, un jupon pareil, et se mit à faire le gâteau tant désiré : elle prit de la plus pure farine, des oeufs et du beurre bien frais.

En travaillant, soit de dessein on. autrement, une bague qu'elle avait au doigt tomba dans la pâte, s'y mêla ; et dès que le gâteau fut cuit, s'affublant de son horrible peau, elle donna le gâteau à l'officier, à qui elle demanda des nouvelles du prince ; mais cet homme, ne daignant pas lui répondre, courut chez le prince lui apporter ce gâteau.

A messenger ran to the farm and told Donkey-skin that she was to make the nicest possible cake for the Prince. Now, some believe that Donkey-skin had sensed the Prince in her heart when he'd looked through the keyhole and then, looking from her little window, she had seen him, so young, so handsome, and so nicely made, that she remembered him and often thought of him, and sighed.

Anyway, Donkey-skin had either seen him or heard him spoken of with praise, and was overjoyed to think that she might meet him. She shut herself in her little room, threw off the ugly skin, washed her face and hands, arranged her hair, put on a beautiful corsage of bright silver, and an equally beautiful petticoat, and then set about making this desired cake.

She took the finest flour, and freshest eggs and butter, and as she was working them, intentionally or not, a ring fell off her finger and into the cake, and was mixed in it. When it was ready, she put the horrible skin back on and gave the cake to the messenger, asking him for news of the Prince. The man wouldn't tell her anything and, without a word, rushed back to the palace.

Le prince le prit avidement des mains de cet homme, et le mangea avec une telle vivacité, que les médecins, qui étaient présents, ne manquèrent pas de dire que cette fureur n'était pas un bon signe : effectivement, le prince pensa s'étrangler par la bague qu'il trouva dans un morceau du gâteau ; mais il la tira adroitement de sa bouche et son ardeur à dévorer ce gâteau se ralentit, en examinant cette fine émeraude, montée sur un jonc d'or dont le cercle était si étroit, qu'il jugea ne pouvoir servir qu'au plus joli doigt du monde.

The Prince took the cake greedily from the man's hands, and ate it so quickly that the doctors couldn't help saying that this haste was a bad sign. Indeed, the Prince nearly choked on the ring which he almost swallowed in a slice of cake. But he drew it carefully from his mouth, and his hunger for the cake was soon forgotten as he examined the fine emerald set in a gold band, a ring so small that he knew it could only be worn on the prettiest little finger in the world.

Il baisa mille fois cette bague, la mit sous son chevet et l'en tirait à tout moment quand il croyait n'être vu de personne. Le tourment qu'il se donna pour imaginer comment il pourrait voir celle à qui cette bague pouvait aller et n'osant croire, s'il demandait Peau d'Ane, qui avait fait ce gâteau qu'il avait demandé, qu'on lui accordât de la faire venir, n'osant non plus croire ce qu'il avait vu par le trou de la serrure, de crainte qu'on se moquât de lui et qu'on le prît pour un visionnaire, toutes ces idées le tourmentant à la fois, la fièvre le reprit fortement et les médecins, ne sachant plus que faire, déclarèrent à la reine que le prince était malade d'amour.

He kissed the ring a thousand times, put it under his pillow, and took it out every time he thought he was alone. The torment he felt, planning how he might see the person the ring belonged to, not daring to believe that if he asked for Donkey-skin she would be allowed to come, and not daring to speak of what he'd seen through the keyhole for fear that he would be laughed at for being a dreamer, brought back the fever even more strongly. The doctors, not knowing what else to do, declared to the Queen that the Prince's illness was love, whereupon the Queen and King ran to their son in despair.

La reine accourut chez son fils, avec le roi, qui se désolait " Mon fils, mon cher fils", s'écria le monarque affligé, nomme-nous celle que tu veux ; nous jurons que nous te la donnerons, fût elle la plus vile des esclaves.

La reine, en l'embrassant, lui confirma le serment du roi.

Le prince, attendri par les larmes et les caresses des auteurs de ses jours, leur dit :

- Mon père et ma mère, je n'ai point dessein de faire une alliance qui vous déplaise et pour preuve de cette vérité, dit-il en tirant l'émeraude de dessous son chevet, c'est que j'épouserai la personne à qui cette bague ira, telle qu'elle soit ; et il n'y a pas apparence que celle qui aura ce joli doigt soit une rustaude ou une paysanne.

"My son, my dear son," cried the distressed King, "tell us the name of the one you desire. We promise we'll give her to you, even if she's the worst of slaves."

The Queen embracing him, agreed with all that the King had said, and the Prince, moved by their tears and hugs, said, "Father and Mother, I don't want to marry someone you couldn't accept." And taking the emerald from under his pillow he added, "To prove I'm speaking the truth, I wish to marry the one this ring belongs to. It's unlikely that whoever owns so pretty a ring is an oaf or peasant."

Le roi et la reine prirent la bague, l'examinèrent curieusement et jugèrent, ainsi que le prince, que cette bague ne pouvait aller qu'à quelque fille de bonne maison.

Alors, le roi, ayant embrassé son fils en le conjurant de guérir, sortit, fit sonner les tambours, les fifres et les trompettes par toute la ville et crier

par ses hérauts que l'on n'avait qu'à venir au palais essayer une bague et que celle à qui elle irait juste, épouserait l'héritier du trône.

The King and the Queen took the ring, examined it intensely, and agreed with the Prince that it could only belong to the daughter of a good house. Then the King, having embraced his son and entreated him to get better, went out. He ordered the drums and fifes and trumpets to be sounded throughout the town, and the heralds to cry that she whose finger a certain ring would fit would marry the heir to the throne.

Les princesses d'abord arrivèrent, puis les duchesses, les marquises et les baronnes; mais elles eurent beau toutes s'amenuiser les doigts, aucune ne put mettre la bague. Il en fallut venir aux grisettes, qui toutes jolies qu'elles étaient, avaient toutes les doigts trop gros. Le prince, qui se portait mieux, faisait lui-même l'essai.

Enfin, on en vint aux filles de chambre ; elles ne réussirent pas mieux. Il n'y avait plus personne qui n'eût essayé cette bague sans succès, lorsque le prince demanda les cuisinières, les marmitonnes, les gardeuses de moutons : on amena tout cela ; mais leurs gros doigts rouges et courts ne purent seulement aller par delà de l'ongle.

First princesses arrived, then duchesses, and marchionesses, and baronesses. And even though they did all they could to make their fingers small, the ring didn't fit any of them. So the country girls had to be tried, and pretty though they all were, their fingers were just too fat. The Prince, who was feeling better, carried out the testing himself. At last it was the turn of the chamber-maids, but they didn't do any better. Then, when everyone else had tried, the Prince asked for the kitchen-maids, the kitchen hands, and the sheep-girls. They were all brought to the palace, but the golden hoop would hardly reach the nail of their rough, red, short fingers.

- A-t-on fait venir cette Peau d'Ane, qui m'a fait un gâteau ces jours derniers ? dit le prince.

Chacun se prit à rire, et lui dit que non, tant elle était sale et crasseuse.

- Qu'on l'aille chercher sur l'heure, dit le roi ; il ne sera pas dit que j'ai excepté quelqu'un.

On courut, en riant et se moquant, chercher la dindonnière.

"You haven't brought Donkey-skin, who made me the cake," said the Prince.

Everyone laughed and said, "No," as she was so dirty and unpleasant.

"Go and fetch her at once," said the King. "It won't be said that I left out the lowliest." And the servants ran laughing and mocking to find the turkey-girl.

L'Infante, qui avait entendu les tambours et les cris des hérauts d'armes, s'était bien doutée que sa bague faisait ce tintamarre : elle aimait le prince et, comme le véritable amour est craintif et n'a point de vanité, elle était dans la crainte continuelle que quelque danse n'eût le doigt aussi menu que le sien.

Elle eut donc une grande joie quand on vint la chercher et qu'on heurta à sa porte. Depuis qu'elle avait su qu'on cherchait un doigt propre à mettre sa bague, je ne sais quel espoir l'avait portée à se coiffer plus soigneusement, et à mettre son beau corsage d'argent, avec le jupon plein de falbalas de dentelle d'argent, semés d'émeraudes.

The Princess, who had heard the drums and the cries of the heralds, had no doubt that the ring was the cause of this uproar. Now, she loved the Prince and, as true love is fearful and has no vanity, she was in constant fear that another lady would have a finger as small as hers. So she was overjoyed when the messengers came and knocked on her door.

Since she knew that they were seeking the owner of the finger that would fit the ring, she had arranged her hair with great care, and put on her beautiful silver corsage, and the frilly petticoat, and silver lace studded with emeralds.

Sitôt qu'elle entendît qu'on heurtait à la porte et qu'on l'appelait pour aller chez le prince, elle remit promptement sa peau d'Ane, ouvrit sa porte ; et ces gens, en se moquant d'elle, lui dirent que le roi la demandait pour lui faire épouser son fils, puis avec de longs éclats de rire, ils la menèrent chez le prince, qui, lui-même, étonné de l'accoutrement de cette fille, n'osa croire que ce fût elle qu'il avait vue si pompeuse et si belle. Triste et confondu de s'être si lourdement trompé :

- Est-ce vous, lui dit-il, qui logez au fond de cette allée obscure, dans la troisième basse-cour de la métairie ?

- Oui, seigneur, répondit elle.

- Montrez moi votre main, dit-il en tremblant et poussant un profond soupir...

Sitôt qu'elle entendît qu'on heurtait à la porte et qu'on l'appelait pour aller chez le prince, elle remit promptement sa peau d'Ane, ouvrit sa porte ; et ces gens, en se moquant d'elle, lui dirent que le roi la demandait pour lui faire épouser son fils, puis avec de longs éclats de rire, ils la menèrent chez le prince, qui, lui-même, étonné de l'accoutrement de cette fille, n'osa croire que ce fût elle qu'il avait vue si pompeuse et si belle. Triste et confondu de s'être si lourdement trompé :

- Est-ce vous, lui dit-il, qui logez au fond de cette allée obscure, dans la troisième basse-cour de la métairie ?

- Oui, seigneur, répondit elle.

- Montrez moi votre main, dit-il en tremblant et poussant un profond soupir...

At the first knock, she quickly covered her fine gown with the donkey-skin, and opened the door. The visitors, in a mocking tone, told her that the King had sent for her in order to marry her to his son. Then with loud bursts of laughter they led her to the Prince, who was astonished at the girl's clothing, and didn't dare believe that this was the one he'd seen so majestic and so beautiful. Sad and confused, he asked, "Are you the girl who lives at the bottom of the dark alley in the farm's third lower yard?"

"Yes, your Highness," she replied.

"Show me your hand," said the Prince trembling, and heaving a deep sigh.

Dame, qui fut bien surpris ? Ce furent le roi et la reine, ainsi que tous les chambellans et les grands de la cour, lorsque de dessous cette peau noire et crasseuse sortit une petite main délicate, blanche et couleur de rose, où la bague s'ajusta sans peine au plus joli petit doigt du monde et

par un petit mouvement que l'Infante se donna, la peau tomba, et elle parut d'une beauté si ravissante, que le prince, tout faible qu'il était, se mit à ses genoux et les serra avec une ardeur qui la fit rougir ; mais, on ne s'en aperçut presque pas, parce que le roi et la reine vinrent l'embrasser de toute leur force et lui demander si elle voulait bien épouser leur fils.

Imagine how astonished everyone was! The King and the Queen, the chamberlains and all the courtiers were dumb-founded, when from beneath that black and dirty skin came a delicate little white and rose-pink hand, and the ring slipped without difficulty on to the prettiest little finger in the world. Then, the Princess made a small movement and the skin fell from her shoulders and she looked so beautiful that the Prince, weak as he was, fell on his knees and held her so tightly that she blushed. But barely anyone noticed that, for the King and Queen came to embrace her and ask her if she would marry their son.

La princesse, confuse de tant de caresses et de l'amour que lui marquait ce beau jeune prince, allait cependant les en remercier, lorsque le plafond s'ouvrit et que la Fée des Lilas, descendant dans un char fait de branches et de fleurs de son nom, conta, avec une grâce infinie, l'histoire de l'Infante.

Le roi et la reine, charmés de voir que Peau d'Ane était une grande princesse, redoublèrent leurs caresses, mais le prince fut encore plus sensible à la vertu de la princesse et son amour s'accrût par cette connaissance.

The Princess, confused by all these hugs and the love of the handsome young Prince, was about to thank them when suddenly, the ceiling opened and the Lilac-fairy descended in a chariot made from the branches and flowers she took her name from and, with great charm, told the Princess's story. The King and Queen, overjoyed to know that Donkey-skin was a great Princess hugged her again. The Prince was even more sensitive to her virtue, and his love increased as he understood her better.

L'impatience du prince, pour épouser la princesse, fut telle, qu'à peine donnat-il le temps de faire les préparatifs convenables pour cet auguste mariage. Le roi et la reine, qui étaient affolés de leur belle-fille, lui

faisaient mille caresses et la tenaient incessamment dans leurs bras ; elle avait déclaré qu'elle ne pouvait épouser le prince sans le consentement du roi son père : aussi fusil le premier à qui on envoya une invitation, sans lui dire quelle était l'épousée ; la Fée des Lilas, qui présidait à tout, comme de raison, l'avait exigé, à cause des conséquences.

He was so impatient to marry her that he could scarcely wait for the necessary preparations for their grand wedding. The King and Queen, now entirely devoted to their daughter-in-law, overwhelmed her with affection. She declared that she couldn't marry the Prince without her father, the King's consent so, they sent him the first wedding invitation but without stating the name of the bride.

The Lilac-fairy presided over all the arrangements and had recommended this course to prevent trouble.

Il vint des rois de tous les pays : les uns en chaise à porteurs, d'autres en cabriolet, de plus éloignés, montés sur des éléphants, sur des tigres, sur des aigles, mais le plus magnifique et le plus puissant fut le père de l'Infante, qui heureusement avait oublié son amour impossible et avait épousé une reine veuve, fort belle, dont il n'avait point eu d'enfant. L'Infante courut au-devant de lui ; il la reconnut aussitôt, et l'embrassa avec une grande tendresse, avant qu'elle eût le temps de se jeter à ses genoux.

Kings came from all the nearby countries, some in sedan-chairs, others in beautiful carriages. Those who came from the countries furthest away rode on elephants and tigers and eagles. But the most magnificent and most glorious of all was the father of the Princess. He had happily recovered his reason, and had married a Queen who was a widow and very beautiful, but by whom he had no child. The Princess ran to him, and he recognised her at once and hugged her so tenderly before she had time to throw herself on her knees.

Le roi et la reine lui présentèrent leur fils, qu'il combla d'amitiés. Les noces se firent avec toute la pompe imaginable. Les jeunes époux, peu sensibles à ces magnificences, ne virent et ne regardèrent qu'eux.

The King and Queen presented their son to him, and he was overjoyed. The nuptials were celebrated magnificently, but the young couple was hardly aware of the ceremony as they only had eyes for each other.

Le roi, père du prince, fit couronner son fils ce même jour, et, lui baisant la main, le plaça sur son trône. Malgré la résistance de ce fils si bien né, il lui fallut obéir.

In spite of the protests of the noble-hearted young prince, the King had his son crowned the same day and, kissing his hand, placed him on the throne.

Les fêtes de cet illustre mariage durèrent près de trois mois ; mais l'amour des deux époux durerait encore, tant ils s'aimaient, s'ils n'étaient pas morts cent ans après.

The celebrations of this renowned marriage lasted nearly three months, but the love of the two young people would have endured forever, had they lived that long.

HISTOIRE 7: LE PETIT POUCET
STORY 7: TOM THUMB

Il était une fois un bûcheron et une bûcheronne qui avaient sept enfants, tous des garçons. L'aîné n'avait que dix ans et le plus jeune n'en avait que sept. On s'étonnera que le bûcheron ait eu tant d'enfants en si peu de temps; mais c'est que sa femme allait vite en besogne, et n'en faisait pas moins de deux à la fois.

Once upon a time there lived a woodcutter and his wife and they had seven children, all boys. The eldest was ten years old, and the youngest only seven. People were astonished that the woodcutter had had so many children in such a short time, but his wife was very fond of children, and never had less than two at a time.

Ils étaient très pauvres, et leurs sept enfants les incommodaient beaucoup, parce qu'aucun d'eux ne pouvait encore gagner sa vie. Ce qui les chagrinait encore, c'est que le plus jeune était fort délicat et ne disait mot: prenant pour bêtise ce qui était une marque de la bonté de son esprit. Il était tout petit, et quand il vint au monde, il n'était guère plus gros que le pouce, ce qui fit que l'on l'appela le petit Poucet.

They were very poor, and their seven children troubled them a great deal because none of them was able to earn his own living. They were especially concerned because the youngest was a very sickly child. He scarcely spoke, which they took to be a sign of stupidity, although it was really a sign of good sense. He was very little and was no bigger than a thumb when he was born, and this is why they called him Tom Thumb.

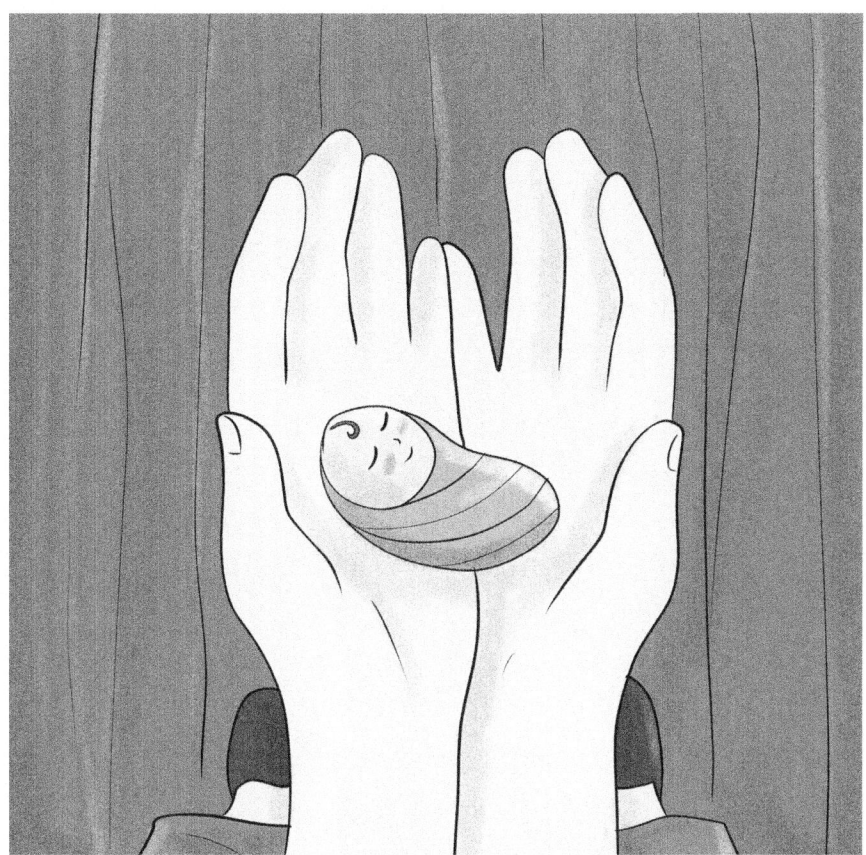

Ce pauvre enfant était le souffre-douleurs de la maison, et on lui donnait toujours tort. Cependant il était le plus fin, et le plus avisé de tous ses frères, et s'il parlait peu, il écoutait beaucoup.

The poor child bore was blamed for everything that went wrong in the house. Guilty or not, he was always blamed. He was, though, more cunning and had far more common sense than all his brothers put together. And even though he didn't speak much, he listened well.

Il vint une année très fâcheuse, et la famine fut si grande, que ces pauvres gens résolurent de se défaire de leurs enfants. Un soir que les enfants étaient couchés, et que le bûcheron était auprès du feu avec sa femme, il lui dit, le coeur serré de douleur :

-"Tu vois bien que nous ne pouvons plus nourrir nos enfants; je ne saurais les voir mourir de faim devant mes yeux, et je suis résolu d'aller les perdre demain au bois, ce qui sera bien aisé, car tandis qu'ils s'amuseront à fagoter, nous n'avons qu'à nous enfuir sans qu'ils nous voient."

-"Ah !" s'écria la bûcheronne, "pourrais-tu bien toi-même mener perdre tes enfants ?"

It was a very bad year, and the famine was so great that these poor people decided to get rid of their children. One evening, when the children were all in bed and the woodcutter was sitting with his wife by the fire, he said to her, his heart ready to burst with grief, "You see plainly that we can't keep our children, and I can't see them starve to death before my eyes. I've decided to lose them in the woods tomorrow, which should be easy to do because we can leave them without them noticing while they're busy tying up the bundles of wood."

And his wife cried out, "Can you really take your children out with you knowing you plan to abandon them?"

Son mari avait beau lui représenter leur grande pauvreté, elle ne pouvait y consentir; elle était pauvre, mais elle était leur mère. Cependant ayant considéré quelle douleur ce lui serait de les voir mourir de faim, elle y consentit, et alla se coucher en pleurant.

Her husband reminded her unsuccessfully how very poor they were, as she wouldn't agree to his plan. She was poor, but she was their mother. However, after considering how painful it would be for her to see them die of hunger, she consented at last and went to bed in tears.

Le petit Poucet entendit tout ce qu'ils dirent, car ayant entendu depuis son lit qu'ils parlaient d'affaires, il s'était levé doucement, et s'était glissé sous l'escabelle de son père pour les écouter sans être vu. Il alla se recoucher et ne dormit point le reste de la nuit, songeant à ce qu'il avait à faire. Il se leva de bon matin, et alla au bord d'un ruisseau où il emplit ses poches de petits cailloux blancs, et ensuite revint à la maison.

Tom Thumb heard every word. Hearing from his bed that they were talking about important things, he got up quietly, and hid under his father's stool so as to hear what they were saying without being seen. He went back to bed but didn't sleep a wink all night for thinking about what he had to do. He got up early in the morning and went down to a stream where he filled his pockets with small white pebbles, and then returned home.

On partit, et le petit Poucet ne dit rien de tout ce qu'il savait à ses frères. Ils allèrent dans une forêt très épaisse, où à dix pas de distance on ne se voyait pas l'un l'autre. Le bûcheron se mit à couper du bois et ses enfants à ramasser les broutilles pour faire des fagots. Le père et la mère, les voyant occupés à travailler, s'éloignèrent d'eux insensiblement, et puis s'enfuirent tout à coup par un petit sentier détourné.

They all went out, but Tom Thumb didn't tell his brothers anything about what he'd heard. They went into a very dense forest and they couldn't see one another even when close together. The woodcutter began chopping wood, and the children gathered up the sticks into bundles. Their father and mother, seeing them busy at their work, slipped away from them one step at a time, and escaped along a winding path.

Lorsque les enfants se virent seuls, ils se mirent à crier et à pleurer de toute leur force. Le petit Poucet les laissait crier, sachant bien par où il reviendrait à la maison; car en marchant il avait laissé tomber le long du chemin les petits cailloux blancs qu'il avait dans ses poches. Il leur dit donc :

"Ne craignez point, mes frères; mon père et ma mère nous ont laissés ici, mais je vous ramènerai bien au logis, suivez-moi seulement."

When the children saw they'd been left alone, they began crying as loudly as they could. Tom Thumb let them cry, knowing very well how to get home again, for he'd dropped the little white pebbles along their path. Then he said to them, "Don't be afraid, brothers. Father and mother have left us here, but I'll get you home again. Just follow me."

Ils le suivirent, et il les mena jusqu'à leur maison par le même chemin qu'ils étaient venus dans la forêt. Ils n'osèrent d'abord entrer, mais ils se mirent tous contre la porte pour écouter ce que disaient leur père et leur mère.

They followed him, and he led them home the very same way they'd come into the forest. They didn't dare go in, but sat down at the door, listening to what their father and mother were saying.

Au moment où le bûcheron et la bûcheronne arrivèrent chez eux, le seigneur du village leur envoya dix écus qu'il leur devait il y avait longtemps, et dont ils n'espéraient plus rien : cela leur redonna vie, car les pauvres gens mouraient de faim. Le bûcheron envoya immédiatement sa femme à la boucherie. Comme il y avait longtemps qu'elle n'avait mangé, elle acheta trois fois plus de viande qu'il n'en fallait pour le souper de deux.

The woodcutter and his wife had just arrived home when the lord of the manor sent ten crowns which he'd owed them for a long time and which they'd given up on. This gave them a new lease of life, for poor people everywhere were dying of hunger. The woodcutter sent his wife immediately to the butcher's. As they hadn't eaten for such a long time, she bought three times as much meat as two people needed.

Lorsqu'ils furent rassasiés, la bûcheronne dit :

-"Hélas ! où sont maintenant nos pauvres enfants ? Ils feraient bonne chère de ce qui nous reste là. Mais aussi Guillaume, c'est toi qui les as voulu perdre. J'avais bien dit que nous nous en repentirions. Que font-ils maintenant dans cette forêt ? Hélas ! mon Dieu, les loups les ont peut-être déjà mangés ! Tu es bien inhumain d'avoir perdu ainsi tes enfants."

When they were satisfied, the woman said, "Alas! Where are our poor children now? They would eat well on what's left here. But you, William, you decided to abandon them. I told you we'd regret it. What are they doing in that forest now? Alas, dear God, perhaps the wolves have perhaps already eaten them up. You are very inhuman to have abandoned your children like this."

Le bûcheron s'impatienta à la fin, car elle redit plus de vingt fois qu'ils s'en repentiraient et qu'elle l'avait bien dit. Il la menaça de la battre si elle ne se taisait pas. Ce n'est pas que le bûcheron ne fût peut-être encore plus fâché que sa femme, mais c'est qu'elle lui cassait la tête, et qu'il était de l'humeur de beaucoup d'autres gens, qui aiment fort les femmes qui disent bien, mais qui trouvent très importunes celles qui ont toujours bien dit.

The woodcutter lost patience, for she repeated more than twenty times that they'd regret it, and that she'd said so. He threatened to beat her if she didn't hold her tongue. It wasn't that the woodcutter was angrier than his wife, but that she was nagging him. He, like many others, liked women who speak well, but not those who always know best.

La bûcheronne était toute en pleurs :

-"Hélas! où sont maintenant mes enfants, mes pauvres enfants?" Elle le dit une fois si haut que les enfants, qui étaient à la porte, l'ayant entendu, se mirent à crier tous ensemble :

-"Nous voilà, nous voilà."

Elle courut vite leur ouvrir la porte, et leur dit en les embrassant :

-"Que je suis contente de vous revoir, mes chers enfants! Vous êtes bien las, et vous avez bien faim; et toi Pierrot, comme te voilà crotté, viens que je te débarbouille."

She was crying relentlessly, saying "Alas! Where are my poor children now?"

She said this so loudly that the children, who were at the door and heard her, all cried out together, "We're here! We're here!"

She immediately ran to open the door, and said, hugging them, "I am so glad to see you, my dear children. You're very tired and hungry. And my poor Peter, you're very dirty so come in and let me clean you up."

Ce Pierrot était son fils aîné qu'elle aimait plus que tous les autres, parce qu'il était un peu rousseau, et qu'elle était un peu rousse. Ils se mirent à table, et mangèrent d'un appétit qui faisait plaisir au père et à la mère, à qui ils racontaient la peur qu'ils avaient eue dans la forêt en parlant presque toujours tous ensemble: ces bonnes gens étaient ravis de revoir leurs enfants avec eux, et cette joie dura tant que les dix écus durèrent. Mais lorsque l'argent fut dépensé, ils retombèrent dans leur premier chagrin, et résolurent de les perdre encore, et pour ne pas manquer leur coup, de les mener bien plus loin que la première fois.

Now, you should know that Peter was her eldest son and she loved him the most because he had red hair, like her.

They sat down to supper and ate hungrily, which pleased both father and mother. They told them how frightened they'd been in the forest, all speaking at the same time. The parents were extremely glad to see their children at home once again, and this joy continued while the ten crowns lasted but, when the money was all gone, they resumed their worries and decided to abandon them again. This time they resolved to take them much deeper into the forest than before.

Ils ne purent parler de cela si secrètement qu'ils ne fussent entendus par le petit Poucet, qui fit son compte de sortir d'affaire comme il avait déjà fait; mais quoiqu'il se fût levé de bon matin pour aller ramasser des petits cailloux, il ne put en venir à bout, car il trouva la porte de la maison fermée à double tour. Il ne savait que faire, lorsque la bûcheronne leur ayant donné à chacun un morceau de pain pour leur déjeuner, il songea qu'il pourrait se servir de son pain au lieu de cailloux en le jetant par miettes le long des chemins où ils passeraient; il le serra donc dans sa poche.

Although they tried to talk about it secretly, again they were overheard by Tom Thumb, who made plans to get out of this just as he had the last time. However, when he got up very early in the morning to go and pick up some little pebbles, he found he couldn't because the door had been securely bolted and locked. Their father gave each of them a piece of bread for their breakfast, and he thought he might use his as he had the pebbles, by throwing it in little bits all along the way, and so he put it in his pocket.

Le père et la mère les menèrent dans l'endroit de la forêt le plus épais et le plus obscur, et dès qu'ils y furent, ils gagnèrent un faux-fuyant et les laissèrent là. Le petit Poucet ne s'en chagrina pas beaucoup, parce qu'il croyait retrouver aisément son chemin grâce à son pain qu'il avait semé partout où il avait passé; mais il fut bien surpris lorsqu'il ne put en retrouver une seule miette; les oiseaux étaient venus qui avaient tout mangé. Les voilà donc bien affligés, car plus ils marchaient, plus ils s'égaraient et s'enfonçaient dans la forêt.

Their father and mother took them into the thickest and most obscure part of the forest, then slipped away and left them there. Tom Thumb wasn't worried as he believed he'd easily find the way again by following the bread he'd scattered along the way, but he was very surprised when he couldn't find as much as a crumb. The birds had come and eaten up every bit of it. So now they were really worried, for the deeper they went the more lost and bewildered they became.

La nuit vint, et il s'éleva un grand vent qui leur faisait épouvantablement peur. Ils croyaient n'entendre de tous côtés que des hurlements de loups qui venaient à eux pour les manger. Ils n'osaient presque se parler ni tourner la tête. Il survint une grosse pluie qui les trempa jusqu'aux os; ils glissaient à chaque pas et tombaient dans la boue, d'où ils se relevaient tout crottés, ne sachant que faire de leurs mains.

Night fell and a terrifying wind got up. They were very afraid. They imagined they heard wolves howling all around them and coming to eat them up. They scarcely dared to speak or turn their heads. Then it rained very heavily, and they were soaked to the skin; their feet slipped with every step they took, and they fell down in the mud, covered themselves with dirt and didn't know what to do with their hands.

Le petit Poucet grimpa au haut d'un arbre pour voir s'il ne découvrirait rien; ayant tourné la tête de tous côtés, il vit une petite lueur comme d'une chandelle, mais qui était bien loin par-delà la forêt. Il descendit de l'arbre; et lorsqu'il fut à terre, il ne vit plus rien; cela le désola. Cependant, ayant marché quelque temps avec ses frères du côté qu'il avait vu la lumière, il la revit en sortant du bois.

Tom Thumb climbed to the top of a tree, to see if he could find anything out. Looking in every direction, he eventually saw a faint light, like a candle, but a long way beyond the forest. He came down, but couldn't see anything from the ground. This concerned him greatly. However, after walking for some time with his brothers in the direction where he'd seen the light, he spotted it again as he came out of the woods.

Ils arrivèrent enfin à la maison où était cette chandelle, non sans bien des frayeurs, car souvent ils la perdaient de vue, ce qui leur arrivait toutes les fois qu'ils descendaient dans quelques fonds. Ils frappèrent à la porte, et une bonne femme vint leur ouvrir. Elle leur demanda ce qu'ils voulaient; le petit Poucet lui dit qu'ils étaient de pauvres enfants qui s'étaient perdus dans la forêt, et qui demandaient à coucher par charité. Cette femme les voyant tous si jolis se mit à pleurer, et leur dit :

-"Hélas! mes pauvres enfants, où êtes-vous venus? Savez-vous bien que c'est ici la maison d'un ogre qui mange les petits enfants?"

They came at last to the house where this candle was, but not without many scary moments because every time they dropped into a hollow, they lost sight of it. They knocked at the door, and an old woman opened it. She asked them what they wanted.

Tom Thumb told her they were poor children who'd been lost in the forest and begged her to be so kind as to give them somewhere to sleep.

The woman, seeing how good looking they were, began to weep and said to them, "Alas, poor children, where are you from? Don't you know this house belongs to a cruel ogre who eats up little children?"

-"Hélas! Madame", lui répondit le petit Poucet, qui tremblait de toute sa force aussi bien que ses frères, "que ferons-nous? Il est bien sûr que les loups de la forêt ne manqueront pas de nous manger cette nuit, si vous ne voulez pas nous retirer chez vous. Et cela étant, nous aimons mieux que ce soit Monsieur qui nous mange; peut-être qu'il aura pitié de nous, si vous voulez bien l'en prier."

"Ah! Madam," answered Tom Thumb, who was shaking as much as his brothers, "what should we do? If you won't let us sleep here then the wolves in the forest will surely eat us up tonight. We would prefer the gentleman to eat us, as he might perhaps take pity upon us, especially if you beg him to."

La femme de l'ogre, qui crut qu'elle pourrait les cacher à son mari jusqu'au lendemain matin, les laissa entrer et les mena se chauffer auprès d'un bon feu, car il y avait un mouton tout entier à la broche pour le souper de l'ogre. Comme ils commençaient à se chauffer, ils entendirent frapper trois ou quatre grands coups à la porte: c'était l'ogre qui revenait. Aussitôt sa femme les fit cacher sous le lit, et alla ouvrir la porte. L'ogre demanda d'abord si le souper était prêt, et si on avait tiré du vin, et aussitôt se mit à table. Le mouton était encore tout sanglant, mais il ne lui en sembla que meilleur. Il reniflait à droite et à gauche, disant qu'il sentait la chair fraîche.

The ogre's wife, who believed she could hide them from her husband until morning, let them come in, and let them warm themselves at a very good fire. There was a whole sheep on the spit, roasting for the ogre's supper.

After they warmed up a little, they heard three or four loud knocks at the door. This was the ogre, who was now home. Straightaway, she hid them under the bed and opened the door for him. The ogre immediately asked if supper was ready and the wine poured, and then sat down at the table. The sheep was still raw and bloody, but he preferred it like that. He sniffed about to the right and left, saying he could smell fresh meat.

-"Il faut", lui dit sa femme, "que ce soit ce veau que je viens d'habiller que vous sentez"

-"Je sens la chair fraîche, te dis-je encore une fois", reprit l'ogre, en regardant sa femme de travers, "et il y a ici quelque chose de louche."

His wife said, "You can smell the calf I've just now killed and flayed."

"I smell fresh meat, I tell you," replied the ogre, looking crossly at his wife, "and there's something funny going on here."

En disant ces mots, il se leva de table, et alla droit au lit.

-"Ah, dit-il, voilà donc comme tu veux me tromper, maudite femme! Je ne sais à quoi il tient que je ne te mange aussi; bien t'en prend d'être une vieille bête. Voilà du gibier qui me vient bien à propos pour traiter trois ogres de mes amis qui doivent me venir voir ces jours ici."

As he spoke these words he got up from the table and went directly to the bed. "Ah!" he said. "This is how you want to cheat me, you cursed woman. I don't know why I don't eat you too. It's lucky for you that you're a tough old beast. But here is some good game, which has arrived just in time to feed three of my ogre friends who are coming here to visit very soon."

Il les tira de dessous le lit l'un après l'autre. Ces pauvres enfants se mirent à genoux en lui demandant pardon; mais ils avaient à faire au plus cruel de tous les ogres, qui bien loin d'avoir de la pitié les dévorait déjà des yeux, et disait à sa femme que ce serait là de friands morceaux lorsqu'elle leur aurait fait une bonne sauce. Il alla prendre un grand couteau, et en approchant de ces pauvres enfants, il l'aiguisait sur une longue pierre qu'il tenait à sa main gauche.

He then dragged them out from under the bed, one by one. The poor children fell upon their knees, and begged his pardon, but they were dealing with one of the cruelest ogres in the world. Far from having any pity on them, he had already eaten them up with his eyes. He told his wife that they'd be delicious eaten with a good sauce. He then took a large knife and, moving towards the poor children, he sharpened it on a large stone that he held in his left hand.

Il en avait déjà empoigné un, lorsque sa femme lui dit :

-"Que voulez-vous faire à l'heure qu'il est? N'aurez-vous pas assez de temps demain matin ?"

-"Tais-toi", reprit l'ogre, "ils en seront plus mortifiés."

-"Mais vous avez encore là tant de viande", reprit sa femme, "voilà un veau, deux moutons et la moitié d'un cochon !"

-"Tu as raison", dit l'ogre, "donne-leur bien à souper afin qu'ils ne maigrissent pas, et va les mener coucher."

He had already taken hold of one of them when his wife said to him, "Why do it now? Surely you'll have time in the morning?"

"Hold your tongue," said the ogre. "They'll be more tender if I kill them now."

"But you have so much meat already," replied his wife. "You have no need for more. Look, a calf, two sheep, and half a pig."

"You're right," said the ogre. "Feed them so they don't get too thin and put them to bed."

La bonne femme fut ravie de joie, et leur porta bien à souper, mais ils ne purent manger tant ils étaient saisis de peur. Quant à l'ogre, il se remit à boire, ravi d'avoir de quoi si bien régaler ses amis. Il but une douzaine de coupes, plus qu'à l'ordinaire, ce qui lui donna un peu mal à la tête, et l'obligea à aller se coucher.

The good woman was overjoyed at this, and offered them a good supper, but they were so afraid that they couldn't eat anything. As for the ogre, he sat down to drink, delighted to have something special to treat his friends with. He drank a dozen glasses of something, more than usual, which went to his head and forced him to his bed.

L'ogre avait sept filles qui n'étaient encore que des enfants. Ces petites ogresses avaient toutes le teint fort beau, parce qu'elles mangeaient de la chair fraîche comme leur père; mais elles avaient de petits yeux gris et tout ronds, le nez crochu et une fort grande bouche avec de longues

dents fort aiguës et éloignées l'une de l'autre. Elles n'étaient pas encore très méchantes; mais elles promettaient beaucoup, car elles mordaient déjà les petits enfants pour en sucer le sang. On les avait fait coucher de bonne heure, et elles étaient toutes sept dans un grand lit, ayant chacune une couronne d'or sur la tête. Il y avait dans la même chambre un autre lit de la même grandeur; ce fut dans ce lit que la femme de l'ogre mit coucher les sept petits garçons; après quoi elle alla se coucher auprès de son mari.

The ogre had seven young daughters. These young ogresses all had very fine complexions because they ate fresh meat like their father, but they had small, round, gray eyes, hooked noses, and very long sharp teeth, spread out in their mouths. They weren't particularly unpleasant yet, but they showed great promise, for they had already bitten little children so as to suck their blood.

They'd been put to bed early, all seven in one large bed, and each wearing a gold crown on her head. The ogre's wife gave the seven little boys a bed in the same room which was the same size, then she went to bed with her husband.

Le petit Poucet qui avait remarqué que les filles de l'ogre avaient des couronnes d'or sur la tête, et qui craignait qu'il ne prit à l'ogre quelque remords de ne les avoir pas égorgés dès le soir même, se leva vers le milieu de la nuit, et prenant les bonnets de ses frères et le sien, il alla tout doucement les mettre sur la tête des sept filles de l'ogre, après leur avoir ôté leurs couronnes d'or qu'il mit sur la tête de ses frères et sur la sienne, afin que l'ogre les prit pour ses filles, et ses filles pour les garçons qu'il voulait égorger.

Tom Thumb, who had noticed the gold crowns on the ogre's daughters heads, and afraid the ogre might change his mind about not killing them, got up in the middle of the night and, taking his and his brothers' caps, went very quietly and put them on the heads of the seven little ogresses, after taking off their gold crowns, which he put on his head and his brothers', in the hope that the ogre might mistake them for his daughters, and his daughters for the little boys he wanted to kill.

La chose réussit comme il l'avait pensé; car l'ogre, s'étant éveillé vers minuit, eut regret d'avoir différé au lendemain ce qu'il pouvait exécuter la veille; il se jeta donc brusquement hors du lit, et prenant son grand couteau :

-"Allons voir", dit-il, "comment se portent nos petits drôles; n'en faisons pas à deux fois."

All of this went to plan: the ogre woke in the night and, regretting that he'd put off until morning what he might have done tonight, he hastily got out of bed and picked up his large knife. "Let's see," he said, "how our little rogues are doing! Let's not make the same mistake a second time!"

Il monta donc à tâtons à la chambre de ses filles et s'approcha du lit où étaient les petits garçons, qui dormaient tous excepté le petit Poucet, qui eut bien peur lorsqu'il sentit la main de l'ogre qui lui tâtait la tête, comme il avait tâté celles de tous ses frères. L'ogre, qui sentit les couronnes d'or :

-"Vraiment", dit-il, "j'allais faire là un bel ouvrage; je vois bien que j'ai trop bu hier soir."

He then groped his way into his daughters' room. He came to the bed where the little boys lay. They were all fast asleep, apart from Tom Thumb, who was terrified when he felt the ogre feeling about his and his brothers' heads. Feeling the gold crowns, he said, "That would have been a terrible mistake. It seems I drank too much last night."

Il alla ensuite au lit de ses filles où, ayant senti les petits bonnets des garçons :

-"Ah! les voilà", dit-il, "nos gaillards! travaillons hardiment."

En disant ces mots, il coupa sans hésiter la gorge à ses sept filles. Fort content de ce coup, il alla se recoucher auprès de sa femme.

Then he went to the bed where the girls lay. Finding the boys' caps on them, he said, "Ah, my merry lads, here you are. Let's get to work." Saying this, he straightaway cut the throat of each of his daughters. Pleased with what he'd done, he went back to bed alongside his wife.

Aussitôt que le petit Poucet entendit ronfler l'ogre, il réveilla ses frères, et leur dit de s'habiller promptement et de le suivre. Ils descendirent doucement dans le jardin, et sautèrent par-dessus les murailles. Ils coururent presque toute la nuit, toujours en tremblant et sans savoir où ils allaient. L'ogre s'étant éveillé dit à sa femme : -"Va-t'en là-haut habiller ces petits drôles d'hier au soir."

As soon as Tom Thumb heard the ogre snoring, he woke his brothers and told them to put on their clothes immediately, and follow him. They crept softly down into the garden, and climbed over the wall. They kept running the whole night, trembling all the while, and not knowing where they were going.

The ogre, when he woke, said to his wife, "Go upstairs and dress those young rascals who came here last night."

L'ogresse fut fort étonnée de la bonté de son mari, ne se doutant point de la manière qu'il entendait qu'elle les habillât, et croyant qu'il lui ordonnait de les aller vêtir, elle monta en haut où elle fut bien surprise lorsqu'elle aperçut ses sept filles égorgées et nageant dans leur sang. Elle commença par s'évanouir (car c'est le premier expédient que trouvent presque toutes les femmes en pareilles rencontres). L'ogre, craignant que sa femme ne fût trop longtemps à faire la besogne dont il l'avait chargée, monta en haut pour l'aider. Il ne fut pas moins étonné que sa femme lorsqu'il vit cet affreux spectacle.

The ogress was very surprised at her husband's kindness, not imagining how he intended her to dress them, thinking that he'd ordered her to go and put their clothes on them. So she went up, and was overwhelmed when she saw her seven daughters with their throats cut, lying in their own blood.

She fainted, for this is the first thing most women do in these circumstances. The ogre, not wanting his wife to take too long doing what he'd ordered, went up to help her. He was no less amazed than his wife at this awful sight.

-"Ah! qu'ai-je fait là ?" s'écria-t-il. "Ils me le payeront, les malheureux, et bientôt."

Il jeta aussitôt une potée d'eau au visage de sa femme, et l'ayant fait revenir :

''Donne-moi vite mes bottes de sept lieues'', lui dit-il, ''afin que j'aille les attraper.''

"What have I done?" he cried. "Those wretches will pay for this!" He threw a jug of water on his wife's face and, waking her up, cried, "Bring me my seven-league boots at once, so that I can catch them."

Il se mit en campagne, et après avoir couru bien loin de tous côtés, enfin il entra dans le chemin où marchaient les pauvres enfants qui n'étaient plus qu'à cent pas du logis de leur père. Ils virent l'ogre qui allait de montagne en montagne, et qui traversait des rivières aussi aisément qu'il aurait fait le moindre ruisseau. Le petit Poucet, qui vit un rocher creux proche le lieu où ils étaient, y fit cacher ses six frères, et s'y fourra aussi, regardant toujours ce que l'ogre deviendrait.

He went out and ran all over the place, covering a huge area. At last he came to the road where the poor children were, less than a hundred paces from their father's house. They saw the ogre stepping down over the mountain, and crossing rivers as easily as if they were little streams. Tom Thumb hid himself and his brothers in a hollow rock, but kept looking out for the ogre.

L'ogre, qui se trouvait fort las du long chemin qu'il avait fait inutilement (car les bottes de sept lieues fatiguent fort leur homme), voulut se reposer, et par hasard il alla s'asseoir sur la roche où les petits garçons s'étaient cachés. Comme il n'en pouvait plus de fatigue, il s'endormit après s'être reposé quelque temps, et vint à ronfler si effroyablement que les pauvres enfants n'en eurent pas moins de peur que quand il tenait son grand couteau pour leur couper la gorge.

The ogre was very tired from his long and pointless journey (seven-league boots are very tiring to wear), and decided to rest. By chance he sat on the rock where the little boys were hiding. He was so tired that he fell asleep and began snoring so loudly that the poor children were as afraid of him as when he had taken up his large knife to cut their throats.

Le petit Poucet en eut moins de peur, et dit à ses frères de s'enfuir promptement à la maison, pendant que l'ogre dormait bien fort, et qu'ils ne se missent point en peine de lui. Ils crurent son conseil et gagnèrent vite la maison. Le petit Poucet, s'étant approché de l'ogre, lui retira doucement les bottes, et les mit aussitôt. Les bottes étaient bien grandes et bien larges; mais comme elles étaient magiques, elles avaient le don de s'agrandir et de se rapetisser selon la jambe de celui qui les chaussait, de sorte qu'elles se trouvèrent aussi justes à ses pieds et à ses jambes que si elles avaient été faites pour lui. Il alla droit à la maison de l'ogre où il trouva sa femme qui pleurait auprès de ses filles égorgées.

However, Tom Thumb was not as frightened as his brothers, and told them to run home straight away while the ogre was sleeping so soundly, and that they shouldn't worry about him. They took his advice, and soon reached home. Tom Thumb came up to the ogre, pulled off his boots gently and put them on his own feet. The boots were very long and large, but because they were enchanted, they became big or little to fit the person who was wearing them. So, they fit his feet and legs as well as if they had been made just for him. He went straight to the ogre's house and found the ogress crying bitterly over the loss of her murdered daughters.

-"Votre mari", lui dit le petit Poucet, "est en grand danger, car il a été pris par une troupe de voleurs qui ont juré de le tuer s'il ne leur donne tout son or et tout son argent. Au moment où ils lui tenaient le poignard sur la gorge, il m'a aperçu et m'a prié de vous venir avertir de l'état où il est, et de vous dire de me donner tout ce qu'il a de valeur sans en rien retenir, parce qu'autrement ils le tueront sans miséricorde: comme la chose presse beaucoup, il a voulu que je prisse ses bottes de sept lieues que voilà pour faire diligence, et aussi afin que vous ne croyiez pas que je sois un menteur."

"Your husband," said Tom Thumb, "is in very great danger. He has been captured by a gang of thieves, who have sworn to kill him if he doesn't give them all his gold and silver. Just as they were putting their daggers to his throat he saw me, and begged me to come and tell you the condition he is in. You should give me everything he has of value, don't keep anything back, otherwise they'll kill him

without mercy. Because this is so urgent, he lent me his boots (you see I have them on), so that I could travel more quickly and also show you that it was he who sent me to you."

La bonne femme fort effrayée lui donna aussitôt tout ce qu'elle avait: car cet ogre ne laissait pas d'être fort bon mari, quoiqu'il mangeât les petits enfants. Le petit Poucet étant donc chargé de toutes les richesses de l'ogre s'en revint au logis de son père, où il fut reçu avec bien de la joie.

The terrified old woman gave him everything she had because, despite eating up little children, the ogre was a good husband. So Tom Thumb got all the ogre' s money and returned with it to his father's house, where everyone was overjoyed to see him.

Il y a bien des gens qui ne sont pas d'accord avec cette dernière circonstance, et qui prétendent que le petit Poucet n'a jamais fait ce vol

à l'ogre; qu'à la vérité, il n'avait pas fait conscience de lui prendre ses bottes de sept lieues, parce qu'il ne s'en servait que pour courir après les petits enfants. Ces gens-là assurent le savoir de bonne part, et même pour avoir bu et mangé dans la maison du bûcheron.

There are many people who don't agree with this last detail. They claim that Tom Thumb didn't rob the ogre at all, that he only made off with the seven-league boots which he felt was fair as the ogre only used them chase after little children. These people believe themselves to be right about this because they often drank and ate at the woodcutter's house.

Ils assurent que lorsque le petit Poucet eut chaussé les bottes de l'ogre, il s'en alla à la cour, où il savait qu'on était fort en peine d'une armée qui était à deux cents lieues de là, et du succès d'une bataille qu'on avait donnée. Il alla, disent-ils, trouver le roi, et lui dit que s'il le souhaitait, il lui rapporterait des nouvelles de l'armée avant la fin du jour. Le roi lui promit une grosse somme d'argent s'il en venait à bout. Le petit Poucet rapporta des nouvelles dès le soir même, et cette première course l'ayant fait connaître, il gagnait tout ce qu'il voulait; car le roi le payait parfaitement bien pour porter ses ordres à l'armée, et une infinité de dames lui donnaient tout ce qu'il voulait pour avoir des nouvelles de leurs amants, et ce fut là son plus grand gain. Il se trouvait quelques femmes qui le chargeaient de lettres pour leurs maris, mais elles le payaient si mal, et cela allait à si peu de chose, qu'il ne daignait mettre en ligne de compte ce qu'il gagnait de ce côté-là.

They claim that after taking the ogre's boots off, Tom Thumb went to court, where he learned that there was much concern about a certain army two hundred leagues away, as well as the outcome of a particular battle. It's said that he went to the king, and told him that, if he wanted, he would bring him news from the army before nightfall. The king promised him a great sum of money if he could do so. Tom Thumb was as good as his word, and returned that very same night with the news. This first feat brought him great fame, and he could then name his own price. Not only did the king pay him very well for carrying his orders to the army, but the ladies of the court also paid him well to bring them information about their lovers. Occasionally wives gave him letters for their husbands, but they paid so poorly that he didn't even bother to keep track of the money he made in this line of his business.

Après avoir fait pendant quelque temps le métier de courrier, et y avoir amassé beaucoup de bien, il revint chez son père, où il n'est pas possible d'imaginer la joie qu'on eut de le revoir. Il mit toute sa famille à son aise. Il acheta des offices de nouvelle création pour son père et pour ses frères; et par là il les établit tous, et fit parfaitement bien sa cour en même temps.

After serving as a messenger for some time and becoming very wealthy, he went home to his father and was welcomed joyfully. He made sure the whole family was comfortable, bought good positions for his father and brothers, and was able to look after himself very nicely as well.

Il était une fois une petite fille de village, la plus jolie qu'on eût su voir; sa mère en était folle, et sa mère-grand plus folle encore. Cette bonne femme lui fit faire un petit chaperon rouge, qui lui seyait si bien, que partout on l'appelait le petit chaperon rouge.

Once upon a time there lived a little country girl, the prettiest creature ever seen. Her mother was very fond of her, and her grandmother doted on her even more. This good woman had a little red riding hood made for her and the girl looked so good in it that everybody called her Little Red Riding Hood.

Un jour sa mère, ayant cuit et fait des galettes, lui dit:

-"Va voir comment se porte ta mère-grand, car on m'a dit qu'elle était malade, porte-lui une galette et ce petit pot de beurre."

Le petit chaperon rouge partit aussitôt pour aller chez sa mère-grand, qui demeurait dans un autre village.

One day her mother made some cakes and said to her, "Go and see how your grandmother is feeling. I've heard she's been ill, so take her a cake, and this little pot of butter."

Little Red Riding Hood set out immediately for the next village which was where her grandmother lived.

En passant dans un bois elle rencontra compère le loup, qui eut bien envie de la manger, mais il n'osa, à cause de quelques bûcherons qui étaient dans la forêt. Il lui demanda où elle allait; la pauvre enfant, qui ne savait pas qu'il est dangereux de s'arrêter à écouter un loup, lui dit:

-"Je vais voir ma mère-grand, et lui porter une galette avec un petit pot de beurre que ma mère lui envoie."

As she was going through the wood, she met a wolf who really wanted to eat her, but he didn't dare because there were some woodcutters working nearby in the forest. He asked her where she was going though, and the poor child didn't know it was dangerous to stop and talk to a wolf, so she said to him, "I'm going to see my grandmother and am taking her a cake and a little pot of butter from my mother."

-"Demeure-t-elle bien loin?" lui dit le loup.

-"Oh! oui", dit le petit chaperon rouge, "c'est par delà le moulin que vous voyez tout là-bas, là-bas, à la première maison du village."

-"Eh bien!", dit le loup, "je veux y aller voir aussi; je m'y en vais par ce chemin-ci, et toi par ce chemin-là, et nous verrons qui plus tôt y sera."

"Does she live far from here?" asked the wolf.

"Oh, yes," answered Little Red Riding Hood. "It's beyond that mill you see there, over there, she lives in the first house in the village."

"Oh well," said the wolf, "I think I'll go and see her too. I'll go this way and go you that, and let's see who gets there first."

Le loup se mit à courir de toute sa force par le chemin qui était le plus court, et la petite fille s'en alla par le chemin le plus long, s'amusant à cueillir des noisettes, à courir après des papillons, et à faire des bouquets des petites fleurs qu'elle rencontrait.

Le loup ne fut pas longtemps à arriver à la maison de la mère-grand; il heurte:Toc, toc.

The wolf ran as fast as he could, taking the shortest path, and the little girl took a roundabout way, amusing herself by gathering nuts, running after butterflies, and picking bouquets of little flowers. It wasn't long before the wolf arrived at the old woman's house and knocked at the door: tap, tap.

-"Qui est là?"

-"C'est votre fille le petit chaperon rouge" (dit le loup, en contrefaisant sa voix) "qui vous apporte une galette et un petit pot de beurre que ma mère vous envoie."

La bonne mère-grand, qui était dans son lit, car elle se trouvait un peu mal, lui cria:

-"Tire la chevillette, la bobinette cherra."

"Who's there?"

"Your granddaughter, Little Red Riding Hood," replied the wolf, imitating her voice, "and I've brought you a cake and a little pot of butter from my mother."

The good grandmother, who was in bed because she'd been feeling a little ill, cried out, "Pull the handle and open the door."

Le loup tira la chevillette, et la porte s'ouvrit. Il se jeta sur la bonne femme, et la dévora en moins de rien; car il y avait plus de trois jours qu'il n'avait mangé. Ensuite il ferma la porte, et s'alla coucher dans le lit de la mère-grand, en attendant le petit chaperon rouge, qui quelque temps après vint heurter à la porte. Toc, toc.

The wolf pulled the handle and the door opened, then he fell upon the good woman and ate her up in no time at all because he hadn't eaten for more than three days. He then shut the door and got into the grandmother's bed, waiting for Little Red Riding Hood who came knocking at the door some time afterwards: tap, tap.

-"Qui est là?".

Le petit chaperon rouge, qui entendit la grosse voix du loup, eut peur d'abord, mais croyant que sa mère-grand était enrhumée, répondit:

-"C'est votre fille le petit chaperon rouge, qui vous apporte une galette et un petit pot de beurre que ma mère vous envoie."

Le loup lui cria, en adoucissant un peu sa voix:

-"Tire la chevillette, la bobinette cherra."

"Who's there?"

Little Red Riding Hood heard the wolf's big voice and was afraid at first, but believing her grandmother had a cold and a sore throat, answered, "It is your granddaughter, Little Red Riding Hood, and I've brought you a cake and a little pot of butter from mother."

The wolf cried out to her, softening his voice as much as he could, "Pull the handle and the door will open."

Le petit chaperon rouge tira la chevillette, et la porte s'ouvrit. Le loup, la voyant entrer, lui dit en se cachant dans le lit sous la couverture:

-"Mets la galette et le petit pot de beurre sur la huche, et viens te coucher avec moi."

Little Red Riding Hood pulled the handle, and the door opened.

The wolf saw her come in, hid himself under the bed covers, and said to her, "Put the cake and the little pot of butter on the stool, then come and get into bed with me."

Le petit chaperon rouge se déshabille, et va se mettre dans le lit, où elle fut bien étonnée de voir comment sa mère-grand était faite en son déshabillé. Elle lui dit:

-"Ma mère-grand que vous avez de grands bras!"

-"C'est pour mieux t'embrasser ma fille."

-"Ma mère-grand que vous avez de grandes jambes!"

-"C'est pour mieux courir mon enfant."

-"Ma mère-grand que vous avez de grandes oreilles!"

-"C'est pour mieux écouter mon enfant."

-"Ma mère-grand que vous avez de grands yeux!"

-"C'est pour mieux voir mon enfant."

-"Ma mère-grand que vous avez de grandes dents!"

-"C'est pour te manger."

Et en disant ces mots, le méchant loup se jeta sur le petit chaperon rouge, et la mangea.

Little Red Riding Hood took off her cloak and got into bed. She was amazed to see how her grandmother looked in her nightclothes, and said to her, "Grandmother, what big arms you have!"

"All the better to hug you with, my dear."

"Grandmother, what big legs you have!"

"All the better to run with, my child."

"Grandmother, what big ears you have!"

"All the better to hear with, my child."

"Grandmother, what big eyes you have!"

"All the better to see with, my child."

"Grandmother, what big teeth you have!"

"All the better to eat you with."

And, saying these words, the bad wolf fell upon Little Red Riding Hood, and ate her all up.

HISTOIRE 9: RIQUET A LA HOUPPE
STORY 9: RICKY OF THE TUFT

Il était une fois une reine qui accoucha d'un fils, si laid et si mal fait, qu'on douta longtemps s'il avait forme humaine. Une fée qui se trouva à sa naissance assura qu'il ne laisserait pas d'être aimable, parce qu'il aurait beaucoup d'esprit; elle ajouta même qu'il pourrait, en vertu du don qu'elle venait de lui faire, donner autant d'esprit qu'il en aurait à celle qu'il aimerait le mieux.

Once upon a time there was a queen who had such an ugly and out of shape son that, for a long time, people didn't think he would ever look human at all. But a fairy who was present when he was born promised that he would be kind and intelligent and added that she had just bestowed a gift upon him that would mean he could give the same amount of intelligence as he had to the person he loved the most.

Tout cela consola un peu la pauvre reine, qui était bien affligée d'avoir mis au monde un si vilain marmot. Il est vrai que cet enfant ne commença pas plus tôt à parler qu'il dit mille jolies choses, et qu'il avait dans toutes ses actions je ne sais quoi de si spirituel, qu'on en était charmé.

This made the poor queen feel a little better, although she was very disappointed to have brought such a hideous child into the world. And indeed, when the child began to speak, his words proved to be just beautiful, and everything he did was somehow so lovely that everyone was charmed by him.

J'oubliais de dire qu'il vint au monde avec une petite houppe de cheveux sur la tête, ce qui fit qu'on le nomma Riquet à la houppe, car Riquet était le nom de la famille.

I forgot to mention that when he was born, he had a little tuft of hair upon his head and so was known as Ricky Tuft, Ricky being name his family had given him.

Au bout de sept ou huit ans la reine d'un royaume voisin accoucha de deux filles. La première qui vint au monde était plus belle que le jour: la reine en fut si aise, qu'on appréhenda que la trop grande joie qu'elle en

avait ne lui fit mal. La même fée qui avait assisté à la naissance du petit Riquet à la houppe était présente, et pour modérer la joie de la reine, elle lui déclara que cette petite princesse n'aurait point d'esprit, et qu'elle serait aussi stupide qu'elle était belle. Cela mortifia beaucoup la reine; mais elle eut quelques moments après un bien plus grand chagrin, car la seconde fille dont elle accoucha se trouva extrêmement laide.

Seven or eight years later, the queen of a neighboring kingdom gave birth to twin daughters. The first one to come into the world was more beautiful than the dawn, and the queen was so happy that people worried her excitement might hurt her. The same fairy who had assisted at the birth of Ricky Tuft was present and, to calm the queen down a little, she declared that this little princess would have no sense at all, and would be as stupid as she was beautiful. The queen was very upset, and a moment or two later her sadness grew when the second daughter was born looking extremely ugly.

-"Ne vous affligez point tant, Madame", lui dit la fée ;"votre fille sera récompensée d'ailleurs, et elle aura tant d'esprit, qu'on ne s'apercevra presque pas qu'il lui manque de la beauté."

-"Dieu le veuille", répondit la reine, "mais n'y aurait-il point moyen de faire avoir un peu d'esprit à l'aînée qui est si belle ?"

-"Je ne puis rien pour elle, Madame, du côté de l'esprit, lui dit la fée, mais je puis tout du côté de la beauté; et comme il n'y a rien que je ne veuille faire pour votre satisfaction, je vais lui donner pour don de pouvoir rendre beau qui lui plaira."

"Don't be distressed, Madam," said the fairy. "Your daughter will have other strengths. She'll have so much good sense that her lack of beauty won't be noticed."

"May Heaven grant it!" said the queen. "But is there any way the elder, who is so beautiful, can be more intelligent?"

"Regarding brains, I can do nothing for her, Madam," said the fairy, "but regarding beauty, I can do a great deal. As there is nothing I wouldn't do to please you, I will grant her the power to make beautiful any person who pleases her."

A mesure que ces deux princesses devinrent grandes, leurs perfections crûrent aussi avec elles, et on ne parlait partout que de la beauté de l'aînée, et de l'esprit de la cadette. Il est vrai aussi que leurs défauts augmentèrent beaucoup avec l'âge. La cadette enlaidissait à vue d'oeil, et l'aînée devenait plus stupide de jour en jour. Ou elle ne répondait rien à ce qu'on lui demandait, ou elle disait une sottise. Elle était avec cela si maladroite qu'elle n'eût pu ranger quatre porcelaines sur le bord d'une cheminée sans en casser une, ni boire un verre d'eau sans en répandre la moitié sur ses habits.

As the two princesses grew up, their qualities became more apparent and the beauty of the elder as well as the wit of the younger were the subject of general conversation.

It is equally true that their defects also became more apparent as they became older. The younger twin grew uglier by the minute, and the elder became more stupid as each day went past. Either she said nothing at all when spoken to, or replied with some idiotic remark. At the same time, she was so awkward that she couldn't set four china vases on the mantelpiece without breaking one of them, nor drink a glass of water without spilling half of it all over herself.

Quoique la beauté soit un grand avantage chez une jeune femme, cependant la cadette l'emportait presque toujours sur son aînée dans toutes les soirées. D'abord on allait du côté de la plus belle pour la voir et pour l'admirer, mais bientôt après, on allait à celle qui avait le plus d'esprit, pour lui entendre dire mille choses agréables, et on était étonné qu'en moins d'un quart d'heure l'aînée n'avait plus personne auprès d'elle, et que tout le monde s'était rangé autour de la cadette. L'aînée, quoique fort stupide, le remarqua bien, et elle eût donné sans regret toute sa beauté pour avoir la moitié de l'esprit de sa soeur.

Although the elder girl possessed the advantages that beauty brings a young woman, she was almost always outshone at gatherings by her younger sister. At first everyone wanted to be near the beauty to see and admire her, but they soon realized they wanted to be around the younger sister for her graceful and easy conversation. In no time at all, the elder girl would be left entirely alone with everybody clustered round her sister.

The elder princess wasn't so stupid that she couldn't see this, and would willingly have surrendered all her beauty for half her sister's cleverness.

La reine, toute sage qu'elle était, ne put s'empêcher de lui reprocher plusieurs fois sa bêtise, ce qui pensa faire mourir de douleur cette pauvre princesse.

Un jour qu'elle s'était retirée dans un bois pour y plaindre son malheur, elle vit venir à elle un petit homme fort laid et fort désagréable, mais vêtu très magnifiquement. C'était le jeune prince Riquet à la houppe, qui étant devenu amoureux d'elle d'après ses portraits qui circulaient par tout le monde, avait quitté le royaume de son père pour avoir le plaisir de la voir et de lui parler. Ravi de la rencontrer ainsi toute seule, il l'aborde avec tout le respect et toute la politesse imaginables.

The Queen, wise as she was, often told herself off for her stupidity, and this caused the princess to be very sad.

One day, when the princess had gone out to the wood to bemoan her misfortune, she saw a little man approaching. He was ugly and unpleasant but dressed in magnificent clothing.

This was the young prince Ricky Tuft. He had fallen in love with her portrait, which was everywhere you looked, and had left his father's kingdom in the hope of seeing and talking to her.

Delighted to meet her alone like this, he spoke to her respectfully and politely.

Ayant remarqué, après lui avoir fait les compliments ordinaires, qu'elle était fort mélancolique, il lui dit:

-"Je ne comprends point, Madame, comment quelqu'un aussi belle que vous l'êtes peut être aussi triste que vous le paraissez; car, quoique je puisse me vanter d'avoir vu une infinité de belles dames, je puis dire que je n'en ai jamais vu dont la beauté approche de la vôtre."

-"Cela vous plaît à dire, Monsieur", lui répondit la princesse, et en demeure là.

-"La beauté," reprit Riquet à la houppe, "est un si grand avantage qu'il doit tenir lieu de tout le reste; et quand on le possède, je ne vois pas qu'il y ait rien qui puisse nous affliger beaucoup."

He paid her the usual compliments and noticed that she was very sad. He said, "I can't understand, madam, how anyone with your beauty can be as sad as you seem. I can boast of having seen many fair ladies, and I can say that none is half as beautiful as you."

"It's very kind of you to say so, sir," answered the princess, and said no more.

"Beauty," said Ricky, "is so valuable that everything else is insignificant and I don't see what someone who has it can possibly be so sad about."

-"J'aimerais mieux," dit la princesse, "être aussi laide que vous et avoir de l'esprit, que d'avoir de la beauté comme j'en ai, et être bête autant que je le suis."

-"Il n'y a rien, Madame, qui marque davantage qu'on a de l'esprit, que de croire n'en pas avoir, et il est de la nature de ce bien-là, que plus on en a, plus on croit en manquer."

-"Je ne sais pas cela", dit la princesse," mais je sais bien que je suis fort bête, et c'est de là que vient le chagrin qui me tue."

-"Si ce n'est que cela, Madame, qui vous afflige, je puis aisément mettre fin à votre douleur."

-"Et comment ferez-vous?" dit la princesse.

To this the princess replied, "I would rather be as plain as you are and have some sense, than as beautiful as I am and at the same time stupid."

"Nothing more clearly displays good sense, madam, than a belief that one is not possessed of it. It follows, therefore, that the more one has of it, the more one fears losing it."

"I'm not sure about that," said the princess, "but I know very well that I'm very stupid, and this is why my misery is nearly killing me."

"If that's all that troubles you, madam, I can easily put an end to your suffering."

"How will you do that?" asked the princess.

-**"J'ai le pouvoir, Madame, dit Riquet à la houppe, de donner de l'esprit autant qu'on en saurait avoir à celle que je dois aimer le plus; et comme vous êtes, Madame, celle-là, il n'en tiendra qu'à vous que vous n'ayez autant d'esprit qu'on en peut avoir, pourvu que vous vouliez bien m'épouser."La princesse demeura toute interdite, et ne répondit rien.**

-**"Je vois", reprit Riquet à la houppe, "que cette proposition vous fait de la peine, et je ne m'en étonne pas; mais je vous donne un an tout entier pour vous y résoudre."**

"I am able, madam," said Ricky Tuft, "to bestow on the person I love the most as much good sense as it's possible to possess. You are that person, and so you must decide whether you want to have that much good sense, the only condition being that you agree to marry me."

The princess was dumfounded, and remained silent.

"I can see," pursued Ricky, "that this is confusing, and I'm not surprised. But I'll give you a year to make up your mind."

La princesse avait si peu d'esprit, et en même temps une si grande envie d'en avoir, qu'elle s'imagina que la fin de cette année ne viendrait jamais; de sorte qu'elle accepta la proposition qui lui était faite. Elle n'eut pas plus tôt promis à Riquet à la houppe qu'elle l'épouserait dans un an à pareil jour, qu'elle se sentit tout autre qu'elle n'était auparavant; elle se trouva une facilité incroyable à dire tout ce qui lui plaisait, et à le dire d'une manière fine, aisée et naturelle. Elle commença dès ce moment une conversation galante et soutenue avec Riquet à la houppe, où elle brilla d'une telle force que Riquet à la houppe crut lui avoir donné plus d'esprit qu'il ne s'en était réservé pour lui-même.

The princess had so little sense, and at the same time wanted it more than anything else, that she convinced herself the end of the year would never come. So, she accepted Ricky's offer. No sooner had she given her word to Ricky that she would marry him within a year from that day, than she felt a complete change come over her. She found herself able to say anything she liked with the greatest ease and elegance, and most comfortably. She at once engaged Ricky in a brilliant and lengthy conversation, holding her own so well that Ricky feared he'd given her more sense than he had himself.

Quand elle fut retournée au palais, toute la cour ne savait que penser d'un changement si subit et si extraordinaire, car autant qu'on lui avait entendu dire d'impertinences auparavant, autant lui entendait-on dire des choses bien sensées et infiniment spirituelles. Toute la cour en eut une joie qui ne peut s'imaginer; il n'y eut que sa cadette qui n'en fut pas bien aise, parce que n'ayant plus sur son aînée l'avantage de l'esprit, elle ne paraissait plus auprès d'elle qu'une guenon fort désagréable.

On her return to the palace, there was widespread amazement throughout the court at such a sudden and extraordinary change. Whereas formerly people had been used to hearing her spout silly, pert remarks, they now heard her express herself sensibly and very wittily.

The entire court was overjoyed. The only person who wasn't as pleased was her younger sister, for she no longer held the advantage over the elder in wit, and now seemed nothing more than a troll in comparison.

Le roi se conduisait selon ses avis, et allait même quelquefois tenir le conseil dans son appartement. Le bruit de ce changement s'étant répandu, tous les jeunes princes des royaumes voisins firent grands efforts pour s'en faire aimer, et presque tous la demandèrent en mariage; mais elle n'en trouvait point qui eût assez d'esprit, et elle les écoutait tous sans s'engager avec l'un d'eux.

The king now took her advice, and sometimes held his council meetings in her apartment.

News of this change of events spread abroad, and princes from neighboring kingdoms tried to get her to fall in love with them. Almost all asked her to marry them, but she found none had enough sense, and she listened to them all without promising herself to any.

Cependant il en vint un si puissant, si riche, si spirituel et si bien fait, qu'elle ne put s'empêcher d'avoir de la bonne volonté pour lui. Son père, s'en étant aperçu, lui dit qu'il la faisait la maîtresse sur le choix d'un époux, et qu'elle n'avait qu'à se déclarer. Comme plus on a d'esprit et plus on a de peine à prendre une ferme résolution sur cette affaire, elle demanda, après avoir remercié son père, qu'il lui donnât du temps pour y penser. Elle alla par hasard se promener dans le même bois où elle avait trouvé Riquet à la houppe, pour rêver plus commodément à ce qu'elle avait à faire.

At last, she met one who was so powerful, so rich, so witty, and so handsome, that she couldn't help being attracted to him. Her father noticed this, and told her she could choose her husband herself and she only had to say who it would be. Now the more sense one has, the more difficult it is to make up one's mind in an affair of this kind. After thanking her father, she asked for a little time to think it over. She again went to walk in a wood to think things over, the very wood, as it happened, where she had first encountered Ricky Tuft.

Dans le temps qu'elle se promenait, rêvant profondément, elle entendit un bruit sourd sous ses pieds, comme de plusieurs gens qui vont et viennent et qui agissent. Ayant prêté l'oreille plus attentivement, elle entendit que l'un disait:

-"Apporte-moi cette marmite"; l'autre:

- "Donne-moi cette chaudière"; l'autre:

- "Mets du bois dans ce feu."

While she walked, deep in thought, she heard a thudding sound beneath her feet and it sounded as if lots of people were running around busily. Listening carefully, she heard voices. "Bring me that pot," said one. "Bring me that boiler," said another, then a third saying, "Put some wood on the fire!"

La terre s'ouvrit dans le même temps, et elle vit sous ses pieds comme une grande cuisine pleine de cuisiniers, de marmitons et de toutes sortes d'officiers nécessaires pour faire un festin magnifique. Il en sortit une bande de vingt ou trente rôtisseurs, qui allèrent se camper dans une allée du bois autour d'une table fort longue, et qui tous, la lardoire à la main, et la queue de renard sur l'oreille, se mirent à travailler en cadence au son d'une chanson harmonieuse.

At that moment the ground opened, and she saw below her what appeared to be a large kitchen full of cooks and kitchen hands, and all the train of attendants needed for preparing a great banquet. A gang of some twenty or thirty spit-turners emerged and took up their positions around a very long table on a path in the wood. They all wore their cook's caps on one side and, with their basting spoons in their hands, they kept time together working to the rhythm of a tuneful song.

La princesse, étonnée de ce spectacle, leur demanda pour qui ils travaillaient.

-"C'est, Madame", lui répondit le plus apparent de la bande, "pour le prince Riquet à la houppe, dont les noces se feront demain."

La princesse, encore plus surprise qu'elle ne l'avait été, et se ressouvenant tout à coup qu'il y avait un an qu'à pareil jour elle avait promis d'épouser le prince Riquet à la houppe, elle pensa tomber de son haut. Ce qui faisait qu'elle ne s'en souvenait pas, c'est que, quand elle fit cette promesse, elle était bête, et qu'en prenant le nouvel esprit que le prince lui avait donné, elle avait oublié toutes ses sottises.

The princess was astonished at this sight, and asked who the meal was being made for.

"For Prince Ricky Tuft, madam," said the foreman of the gang. "His wedding is tomorrow."

At this the princess was more surprised than ever. Suddenly, she remembered that it was a year to the day since she had promised to marry Prince Ricky, and was quite taken aback. The reason she had forgotten her promise was that when she made it, she was still without sense, and when the prince gave her some intelligence, all memory of her former stupidity had been lost.

Elle n'eut pas fait trente pas en continuant sa promenade, que Riquet à la houppe se présenta à elle, brave, magnifique, et comme un prince qui va se marier. -"Vous me voyez, dit-il, Madame, exact à tenir ma parole, et je ne doute point que vous ne veniez ici pour exécuter la vôtre, et me rendre, en me donnant la main, le plus heureux de tous les hommes."

-"Je vous avouerai franchement," répondit la princesse, "que je n'ai pas encore pris ma décision là-dessus, et que je ne crois pas pouvoir jamais la prendre comme vous la souhaitez."

-"Vous m'étonnez, Madame", lui dit Riquet à la houppe.

She hadn't gone thirty paces when Ricky Tuft appeared before her, gallant and resplendent, like a prince on his wedding day.

"As you see, madam," he said, "I'm true to my word and I suspect you have come to do the same, giving me your hand to make me the happiest of men."

"I'll be honest," replied the princess. "I haven't yet made up my mind on the point, and I am afraid I'll never be able to make the decision you desire."

"You astonish me, madam," said Ricky Tuft.

-**"Je le crois", dit la princesse, "et assurément si j'avais affaire à un brutal, à un homme sans esprit, je me trouverais bien embarrassée. Une princesse n'a que sa parole, me dirait-il, et il faut que vous m'épousiez, puisque vous me l'avez promis; mais comme celui à qui je parle est l'homme du monde qui a le plus d'esprit, je suis sûre qu'il entendra raison. Vous savez que, quand j'étais bête, je ne pouvais néanmoins me résoudre à vous épouser; comment voulez-vous qu'ayant l'esprit que vous m'avez donné, qui me rend encore plus difficile en gens que je n'étais, je prenne aujourd'hui une .décision que je n'ai pu prendre dans ce temps-là? Si vous pensiez tout de bon à m'épouser, vous avez eu grand tort de m'ôter ma bêtise, et de me faire voir plus clair que je ne voyais."**

"I know," said the princess, "and if you were a brute or an idiot, I would feel very awkward. He would tell me that a princess has to honor her word and that I had to marry him because I'd promised to! But as I'm speaking to a man of the world, and the most intelligent man in the world at that, I'm certain he'll listen to reason. As you know, I couldn't make up my mind to marry you when I was stupid, so how can you expect that today, with the intelligence you gave me, which makes me even more difficult to please than before, I should decide what I couldn't decide on then? If you were so keen to marry me, you were very wrong to relieve me of my stupidity, and to enable me to see more clearly than I did before."

-**" Si un homme sans esprit", répondit Riquet à la houppe,"serait bien reçu, comme vous venez de le dire, à vous reprocher votre manque de parole, pourquoi voulez-vous, Madame, que je n'en use pas de même, dans une chose où il y va de tout le bonheur de ma vie? Est-il raisonnable que ceux qui ont de l'esprit soient d'une pire condition que ceux qui n'en ont pas? Pouvez-vous le prétendre, vous qui en avez tant, et qui avez tant souhaité d'en avoir? Mais venons au fait, s'il vous plaît: à la réserve de ma laideur, y a-t-il quelque chose en moi qui vous déplaise? Etes-vous mal contente de ma naissance, de mon esprit, de mon humeur, et de mes manières?"**

"If a man who lacked intelligence," replied Ricky Tuft, "would be justified, as you say, in telling you off for breaking your word, why do you think that I'd act differently when my life's happiness is at stake? Is it reasonable that people who have sense should be treated worse than those who have none? Could you who so clearly has sense and desired it so strongly disagree with that? But, let's look at the facts. With the exception of my ugliness, is there anything about me which displeases you? Are you unhappy about my breeding, my brains, my disposition, or my manners?"

-**"Nullement", répondit la princesse, "j'aime en vous tout ce que vous venez de me dire."**

-**"Si cela est ainsi", reprit Riquet à la houppe, "je vais être heureux, puisque vous pouvez me rendre le plus aimable de tous les hommes."**

-**"Comment cela se peut-il ?" lui dit la Princesse.**

-**"Cela se fera", répondit Riquet à la houppe, "si vous m'aimez assez pour souhaiter que cela soit; et afin, Madame, que vous n'en doutiez pas, sachez que la même fée qui au jour de ma naissance me fit le don de pouvoir rendre spirituelle qui me plairait, vous a aussi fait le don de pouvoir rendre beau celui que vous aimerez, et à qui vous voudrez bien faire cette faveur."**

"Not at all," replied the princess. "I like all of the qualities you've shown me you have."

"In that case," said Ricky Tuft, "happiness will be mine, for you have it in your power to make me the most handsome of men."

"How will that happen?" asked the princess.

"It will happen by itself," replied Ricky, "if you love me enough to wish it to be true. To remove your doubts, Madam, let me tell you that the same fairy who on the day of my birth gave me the power to grant intelligence to the woman of my choice, also gave you the power to grant beauty to the man you love, and to whom you would wish to be married."

-"Si la chose est ainsi", dit la princesse, "je souhaite de tout mon coeur que vous deveniez le prince du monde le plus beau et le plus aimable; et je vous en fais le don autant qu'il m'est possible."

La princesse n'eut pas plus tôt prononcé ces paroles, que Riquet à la houppe parut à ses yeux l'homme du monde le plus beau, le mieux fait, et le plus aimable qu'elle eût jamais vu.

"If that's so," said the princess, "I wish with all my heart that you may become the handsomest and most attractive prince in the world, and I give you this gift unreservedly as it is mine to grant."

No sooner had the princess uttered these words than Ricky Tuft appeared before her eyes as the most handsome, the most graceful and the most attractive man she'd ever seen.

Quelques-uns assurent que ce ne furent point les charmes de la fée qui opérèrent, mais que l'amour seul fit cette métamorphose. Ils disent que la princesse ayant fait réflexion sur la persévérance de son amant, sur sa discrétion, et sur toutes les bonnes qualités de son âme et de son esprit, ne vit plus la difformité de son corps, ni la laideur de son visage, que sa bosse ne lui sembla plus que le bon air d'un homme qui fait le gros dos; et qu'au lieu que jusqu'alors elle l'avait vu boiter effroyablement, elle ne lui trouva plus qu'un certain air penché qui la charmait; ils disent encore que ses yeux, qui étaient louches, ne lui en parurent que plus brillants, que leur dérèglement passa dans son esprit pour la marque d'un violent excès d'amour, et qu'enfin son gros nez rouge eut pour elle quelque chose de martial et d'héroïque.

Some people say that this wasn't a fairy spell at all, and that love alone caused the transformation. They say that the princess, thinking about her lover's commitment to her, his good sense, and his many admirable qualities of both heart and head, grew blind to the deformity of his body and the ugliness of his face, that his humpback seemed no more than was natural in a man who could make the most courtly bow, and that the dreadful limp which had once bothered her now indicated nothing more than a certain diffidence and charming deference of manner. They also say that she found his eyes shone all the brighter for their squint, and that this defect was, to her, just the sign of a very passionate nature, and that his large red nose was warlike and heroic.

Quoi qu'il en soit, la princesse lui promit sur-le-champ de l'épouser, pourvu qu'il en obtint le consentement du roi son père. Le roi ayant su que sa fille avait beaucoup d'estime pour Riquet à la houppe, qu'il connaissait d'ailleurs pour un prince très spirituel et très sage, le reçut avec plaisir pour son gendre. Dès le lendemain les noces furent faites, ainsi que Riquet à la houppe l'avait prévu, et selon les ordres qu'il en avait donnés longtemps auparavant.

Whatever happened, the princess promised to marry him on the spot, provided that he obtained the consent of her father, the King.

The King knew Ricky Tuft to be a wise and witty prince and, on learning of his daughter's feelings for him, he willingly accepted him as his son-in-law.

The wedding took place the next day, just as Ricky Tuft had expected and according to the arrangements he'd started making long ago.

Il était une fois un pauvre bûcheron

Qui, las de sa pénible vie,

Avait, disait-il, grand envie

De s'aller reposer aux bords de l'Achéron :

Représentant, dans sa douleur profonde,

Que, depuis qu'il était au monde,

Le ciel cruel n'avait jamais

Voulu remplir un seul de ses souhaits.

There was once a poor woodcutter who, tired of his hard life, said he longed for the rest the next world would bring.

In his unhappiness, he declared that in all his days on earth, nasty heaven hadn't granted a single one of his wishes.

Un jour que, dans le bois, il se mit à se plaindre,

A lui, la foudre en main, Jupiter apparut ;

On aurait peine à bien dépeindre

La peur que le bonhomme en eut.

Then one day when the woodcutter was in the woods, as he was complaining about his lot, Jupiter appeared before him, his thunderbolt in his hand. You can't imagine how terrified the poor man was!

Je ne veux rien, dit-il, en se jetant par terre ;

Point de souhaits, point de tonnerre,

Seigneur, demeurons but à but.

"I don't want anything," he said, casting himself on the ground. "I'll stop making wishes if you, in turn, give up your thunder. That's fair!"

— Cesse d'avoir aucune crainte ;

Je viens, dit Jupiter, touché de ta complainte,

Te faire voir le tort que tu me fais.

Écoute donc : je te promets,

Moi qui du monde entier suis le souverain maître,

D'exaucer pleinement les trois premiers souhaits

Que tu voudras former sur quoi que ce puisse être ;

Vois ce qui peut te rendre heureux,

Vois ce qui peut te satisfaire ;

Et, comme ton bonheur dépend tout de tes vœux,

Songes-y bien avant que de les faire. »

"Don't worry," said Jupiter. "I've heard your complaints and I've come to show you how unfairly you judge me.

Now listen! I am king of all the world and I promise to grant the first three wishes you speak, no matter what they are. Make sure they make you happy and satisfied, since your well-being depends on them. Think carefully before you make them."

A ces mots, Jupiter dans les cieux remonta ;

Et le gai bûcheron, embrassant sa falourde.

Pour retourner chez lui sur son dos la jeta.

Cette charge jamais ne lui parut moins lourde.

With these words, Jupiter returned to his cloud and the happy woodcutter, picked up his bundle of sticks and hurried home. Never had his burden seemed so light.

« Il ne faut pas, disait-il en trottant,

Dans tout ceci rien faire à la légère ;

Il faut, le cas est important,

En prendre avis de notre ménagère.

"This is such an important matter," he said to himself, "that I certainly must ask my wife's advice."

Çà, dit-il, en entrant sous son toit de fougère,

Faisons, Fanchon, grand feu, grand chère,

Nous sommes riches à jamais.

Et nous n'avons qu'à faire des souhaits. »

"Hey, Fanchon," he shouted, as he entered his cottage. "Let's make a big fire. We'll be rich for the rest of our lives. All we have to do is to make three wishes!"

Là-dessus, tout au long, le fait il lui raconte.

A ce récit, l'épouse, vive et prompte,

Forma dans son esprit mille vastes projets ;

Mais, considérant l'importance

De s'y conduire avec prudence :

« Biaise, mon cher ami, dit-elle à son époux,

Ne gâtons rien par notre impatience ,

Examinons bien entre nous

Ce qu'il faut faire en pareille occurrence ;

Remettons à demain notre premier souhait.

Et consultons notre chevet.

With this, he told his wife what had happened, and she began to imagine thousands of plans. Then, realizing the importance of acting prudently, she said to her husband, "Blaise, my dear, let's not spoil things by being impatient. We must think things over very carefully. Let's wait until tomorrow to make our first wish. Let's sleep on it."

— Je l'entends bien ainsi, dit le bonhomme Biaise ;

Mais, va tirer du vin derrière ces fagots. »

"I think you're right," Blaise said. "But first, go and pour some of that special wine."

A son retour, il but ; et, goûtant à son aise,

Près d'un grand feu, la douceur du repos,

Il dit, en s'appuyant sur le dos de sa chaise :

« Pendant que nous avons une si bonne braise,

Qu'une aune de boudin viendrait bien à propos !

On her return, the woodcutter took a long drink and leaned back in his chair. "To go with such a fine fire," he said, "I wish we had a measure of sausage. It would go very well with it indeed!"

A peine acheva-t-il de prononcer ces mots.

Que sa femme aperçut, grandement étonnée,

Un boudin fort long, qui, partant

D'un des coins de la cheminée.

S'approchait d'elle en serpentant.

Elle fit un cri dans l'instant ;

Mais, jugeant que cette aventure

Avait pour cause le souhait

Que, par bêtise toute pure,

Son homme imprudent avait fait.

Il n'est point de pouille et d'injure

Que, de dépit et de courroux,

Elle ne dit au pauvre époux.

Scarcely had he said these words than his wife, to her great astonishment, saw a long link of sausage moving over to them like a snake from the chimney corner. She cried out in alarm, but realizing at once that this was the result of the wish her foolish husband had made, she began to abuse and scold him angrily.

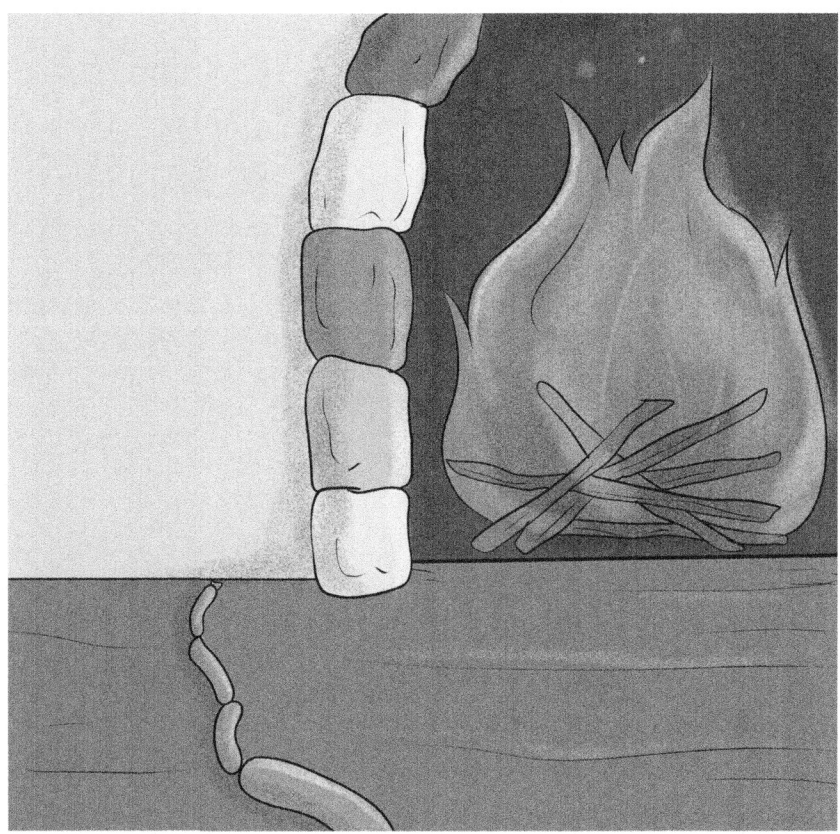

« Quand on peut, disait-elle, obtenir un empire,

De l'or, des perles, des rubis,

Des diamants, de beaux habits.

Est-ce alors du boudin qu'il faut que l'on désire ?

"When you have a kingdom with gold, pearls, rubies, diamonds, fine clothes, and all you wish for is a sausage!" she said.

— Eh bien ! j'ai tort, dit-il ; j'ai mal placé mon choix,

J'ai commis une faute énorme,

Je ferai mieux une autre fois.

"Oh no!" her husband replied. "I was wrong, I made a very bad choice. I'll do better next time."

— Bon, bon, dit-elle, attendez-moi sous l'orme.

Pour faire un tel souhait, il faut être bien bœuf ! »

"Yes! Yes!" said his wife. "You must be an idiot to make such a stupid mistake."

L'époux, plus d'une fois, emporté de colère,

Pensa faire tout bas le souhait d'être veuf.

Et peut-être, entre nous, ne pouvait-il mieux faire.

« Les hommes, disait-il, pour souffrir sont bien nés !

Peste soit du boudin, et du boudin encore !

Plût à Dieu, maudite pécore,

Qu'il te pendît au bout du nez » !

This made the husband very angry and almost wished he was a widower. "Mankind," he said, "was born to suffer. A curse on this and all sausages. I wish that it was hanging from the end of your nose!"

La prière aussitôt du ciel fut écoutée ;

Et, dès que le mari la parole lâcha,

Au nez de l'épouse irritée

L'aune de boudin s'attacha.

Ce prodige imprévu grandement le fâcha.

Fanchon n'était pas laide ; elle avait bonne grâce,

Et, pour dire sans fard la vérité du fait,

Cet ornement en cette place

Ne faisait pas un bon effet,

Si ce n'est qu'en pendant sur le bas du visage,

Il l'empêchait de parler aisément ;

Pour un époux, merveilleux avantage,

Et si grand, qu'il pensa, dans cet heureux moment,

Ne souhaiter rien davantage !

The wish was heard at once in heaven, and the sausage fastened itself on her nose. Fanchon had once been pretty and, to be honest, this ornament didn't have a very pleasing effect. Since it hung down over her face, it stopped her talking so freely, and this made her husband so happy that he didn't think he'd made such a bad wish!

« Je pourrais bien, disait-il à part soi,

Après un malheur si funeste,

Avec le souhait qui me reste,

Tout d'un plein saut me faire roi.

Rien n'égale, il est vrai, la grandeur souveraine ;

Mais encore faut il songer

Comment serait faite la reine,

Et dans quelle douleur ce serait la plonger,

De l'aller placer sur un trône

Avec un nez plus long qu'une aune.

Il faut l'écouter sur cela,

Et qu'elle-même elle soit la maîtresse

De devenir une grande princesse,

En conservant l'horrible nez qu'elle a,

Ou de demeurer bûcheronne

Avec un nez comme une autre personne

Et tel qu'elle l'avait avant ce malheur-là. »

La chose bien examinée,

Quoiqu'elle sût d'un sceptre et la force et l'effet,

Et que, quand on est couronnée,

On a toujours le nez bien fait ;

Comme au désir de plaire il n'est rien qui ne cède,

Elle aima mieux garder son bavolet

Que d'être reine et d'être laide.

"With my remaining wish I could very easily make myself king," he said to himself. "But we must think of the queen, too, and her unhappiness if she had to sit on the throne with her new yard-long nose. She must decide which she wants, to be a queen with that nose or a woodcutter's wife and an ordinary person."

His wife agreed that they had no choice. She would never have the riches and diamonds and fine clothes she'd dreamed of, but she would be herself again if the last wish could free her from the frightful sausage on her nose.

Ainsi le bûcheron ne changea point d'état.

Ne devint point grand potentat,

D'écus ne remplit point sa bourse ;

Trop heureux d'employer son souhait qui restait,

Faible bonheur, pauvre ressource !

A remettre sa femme en l'état qu'elle était.

And so the woodcutter didn't change his lot. He didn't become a king. His purse was not filled with gold. He was only too glad to use his remaining wish to restore his poor wife to her former state.

CONCLUSION

Reading is a magical activity that can transport you to wonderful places and faraway lands without even having to leave your home. I truly hope that this book was able to do that for you. Even more importantly, I hope you were able to improve your second language skills at the same time.

Before we bid our farewells, here is a short checklist for you:

- Did you feel that your reading skills in French/English improved as you read the fairy tales?
- Did the audio help you enhance your listening skills in either French or English?
- Were you able to follow along to the words to practice your pronunciation?

I certainly hope you did. Even more importantly, I hope you had a wonderful time reading the fairy tales and listening to the narration.

Finally, I hope this book was able to enrich your reading life and push you towards even more reading adventures. It will be a great help in polishing your French or English language skills.

If you need more help with learning French, please visit https://www.talkinfrench.com/. There are so many great materials there waiting for you to discover them. Whether it's help with grammar, vocabulary, or French culture and travel, I'll always be here to help.

Merci,

Frédéric

HOW TO DOWNLOAD THE AUDIO?

Instructions on How to Download the Audio

Please take note that the audio are in MP3 format and need to be accessed online. No worries though; it's quite easy! Simply follow the instructions below. It will teach you the steps on where and how to download this book's accompanying audio.

On your computer, smartphone, iphone/ipad or tablet, go to this link:

https://www.talkinfrench.com/download-fairy-tales-mp3/

Do you have any problems downloading the audio? If you do, feel free to send an email to contact@talkinfrench.com. We'll do our best to assist you, but we would greatly appreciate if you thoroughly review the instructions first.

Thank you.

ABOUT THE AUTHOR

Frédéric Bibard is the founder of TalkInFrench.com, a French language and culture website, named as the #1 language blog in the 2016 Best Language Learning Blogs by bab.la and Lexiophiles.

He spent several years teaching French while traveling abroad and has since moved back to Paris to dedicate his time to developing fun and helpful French language resources.

He takes food seriously (he is French, after all), but he complements it with a love of running, which allows him to nurture his passion for good food while staying in shape.

Say hello to him on Twitter (@ fredericbibard) or visit his website https://www.talkinfrench.com/.

The Discourse on Foxes and Ghosts